컨버전스 시대

퓨전경영

Fusion Management

남대일 지음

도서출판 이유

컨버전스 시대
퓨전 경영

ⓒ 남대일 2004

지은이 / 남대일
펴낸이 / 김래수

초판 인쇄 / 2004년 12월 1일
초판 발행 / 2004년 12월 6일

기획 / 정숙미
편집 / 김성수
인쇄 / 청송문화인쇄사(02-2676-4573)

펴낸 곳 / 도서출판 이유
주소 / 서울시 동작구 상도5동 103-5 성은빌딩 3층
전화 / 02-812-7217 팩스 / 02-812-7218
E-mail / eupub@hanafos.com
출판등록 / 2000. 1. 4 제20-358호

ISBN 89-89703-61-1 03320

컨버전스 시대

퓨전경영

Fusion Management

디지털 시대의 생존 해법은 퓨전 경영이다!

디지털화가 급속히 진행되면서 '융합'이란 의미의 퓨전(Fusion)에 대한 열풍이 거세다.

퓨전이란 원래 다른 장르의 음악과 융합된 재즈 음악을 설명할 때 주로 쓰였던 용어지만, 이제는 디지털 시대를 상징하는 키워드로 자리잡고 있다.

휴대폰만 해도 요즘은 할 수 있는 일이 참 많다. 전철도 타고 물건을 사며 음악도 듣고 심지어는 사진까지 찍을 수 있다. 건설업체와 통신업체가 만나 사이버 아파트라는 절묘한 비즈니스를 만들고 자동차회사와 전자·통신기업이 힘을 합쳐 승용차를 달리는 사무실로 만든다. 이전에는 상상할 수 없었던 많은 일들이 실제로 눈앞에 펼쳐지고 있으며 퓨전이라는 이름을 통해 현실화되고 있다.

바야흐로 지금은 퓨전 시대인 것이다.

"퓨전 경영"이란 이처럼 전통과 첨단, 동양과 서양의 가치, 혁신적인 변화와 점진적인 변화 등과 같은 상호 이질적인 두 가지 이상의 가치들을 결합할 수 있는 지혜의 모색에서 출발한 개념이다. 이를 한마디로 정의하자면 제품, 기술, 서비스 등과 같은 경영의 제반 활동들이 양자택일의 흑백 논리에서 벗어나 서로 부족한 부분을 메워 상생(相生)의 길로 나아가려는 일련의 경영혁신 활동을 의미하는 것이다.

퓨전이 융합이라는 의미라면, 컨버전스(Convergence)는 그 융합이 어느 한 곳으로 수렴한다는 의미가 강하다. 예컨대, 디지털을 매개로 가전, IT 기술, 컨텐츠, 서비스 등이 서로 유기적으로 합쳐지고 있다는 것이다. 이에 따라 복합기, 카메라폰, 휴대폰뱅킹, 텔레메틱스 등 IT와 가전 분야에서 디지털 컨버전스는 그 어느 때보다 더욱 급속하게 일어나고 있다.

이와 같은 융합과 복합화가 일어나는 근본 원인은 소비자의 니즈가 더욱 다양해지면서 이들 니즈 자체가 하나의 솔루션으로 해결되기를 원하는 경향이 늘고 있음에 기인한다. 즉 니즈 자체의 융합화 경향이 두드러지고 있다는 것이다. 결국, 퓨전이던 디지털 컨버전스이던 디지털의 효용가치는 소비자의 니즈에서 찾아야 한다는 기본 철학은 여전히 변함이 없는 셈이다.

이 책은 크게 9장으로 구성되어 있다.

1장은 소비자의 니즈 자체가 융합되어 다양한 니즈를 하나의 솔루션으로 해결하기를 원하는 패러다임의 변화를 다루고 있다. 이른바 '1:1 Match 사회에서 多:1 Match 사회로의 전환'이다. 또한 고객 니즈의 융합에 대응하기 위한 비즈니스 마인드 역시 '양자 택일(Or)'에서 '그리고(And)'의 사고로 전환해야 함을 설명하고 있다.

2장은 퓨전 음료에 이어 이종격투기까지 실상에 깊숙히 파고든 퓨전 혁명을 경영상의 관점에서 세 가지로 풀이하고 있다. 이는 디지털 기기와 같은 제품의 융합, 퓨전 테크놀로지와 같은 기술의 융합, 방카슈랑스와 같은 서비스의 융합이 바로 그것이다.

3장은 퓨전 현상에 이론적인 개념을 부여하고 있다. 경영을 믹서기에 넣고 흔들면 퓨전 경영이 저절로 튀어나오는 것은 아니라는 말이다. 퓨전 경영을 통해 부가적인 시너지 효과를 얻을 수 있어야 하며 구체적으로 상호보완의 시너지 추구, 변화 대응, 미래 시장 선점의 세 가지 효과를 설명하고 있다.

4장은 경영 실무 차원에서 퓨전 경영을 적용할 경우 고려할 수 있는 다섯 가지 성공 포인트를 소개하고 있다. 1+1 이상의 시너지, 제조업과 서비스업의 조화, 동·서양의 가치 융합, 다기능 팀의 활용, 실행조직의 퓨전 등에 대한 내용을 다양한 사례와 함께 제시하고 있다.

5장은 산업·영역 파괴로 어제의 경쟁자가 더 이상 오늘의 경쟁자가 될 수 없는 다면(多面) 경쟁의 경영환경을 논하고 있다. 이와 같은 경영환경에서 생존하기 위해 자사의 핵심 사업에 미치는 영향과 기존 사업의 변환 가능성을 토대로 최소 대응, 제휴 모색, 혁신적 모방과 같은 세 가지 전략적 대안을 설명하고 있다.

6장은 디지털 컨버전스에 관한 기업의 대응 전략을 주로 조명하고 있다. 영역 파괴의 진행 단계를 여섯 가지 단계에 의해 설명하고 있으며 고객접점의 확보, 플랫폼 리더십, 크로스 패리(Cross Parry), 제휴를 통한 진입 장벽 구성, 핵심 역량 위주의 재포지셔닝 등과 같은 생존 전략에 관해 서술하고 있다.

7장은 '내 손 안의 작은 세상'으로 불리는 모바일 컨버전스를 다루고 있다. 휴대폰이 모든 정보기기의 허브(Hub) 역할을 하는 시대를 맞아 컨버전스형 단말기 개발, 핵심 부품의 동반 발전, 신규 채널 전략,

사용자 위주의 서비스, 신규 서비스 창출을 위한 컨버전스 등의 내용으로 기업이 실제 행해야 하는 대응 지침 위주로 글을 전개하고 있다.

8장은 이종 산업 간의 융합이 본격화되는 시대에 컨버전스의 핵이 되는 노른자위 영역을 차지할 수 있는 플랫폼 리더십에 관한 내용이다. 플랫폼 리더십의 개념 설명에서부터 오픈 플랫폼(Open Platform), 최고 수익 영역의 차지, 해당 업계의 대변인 역할, 인수와 합병, 부가가치 영역으로의 확장 등과 같은 플랫폼 리더십의 획득을 위한 구체 전략을 제시하고 있다.

9장은 미래에도 지금과 같은 컨버전스가 거스를 수 없는 대세일까, 아니면 이는 시장의 일시적인 유행일 뿐인가와 같은 질문에 대한 답변을 제시하고 있다. 디지털 컨버전스의 미래를 Full Convergence, Category Convergence, Divergence와 같은 세 가지 시나리오로 설명하고 있다.

이 책은 저자의 다년간 실무 경험과 이론적 배경을 토대로 구성된 글이다. 퓨전과 컨버전스라는 융합, 복합화 현상에 대해 다양한 사례와 분석으로 책을 읽는 사람들에게 실질적인 대응 지침을 주기 위해 노력하였다. 디지털 시대를 여는 컨버전스라는 큰 흐름에 관심이 많은 독자들에게 부디 이 책이 유용한 지식이 되길 간절히 바란다.

2004년 가을을 맞으며……

남대일

2004

감 사 의 글

글을 쓴다는 것은 언제나 어려운 일이다. 사람들이 모르는 것을 말하는 것도 물론 어렵지만 읽는 사람들에게 재미를 느끼게 하는 건 더 어려운 일인 것 같다.

그럼에도 불구하고 글을 통해 모르는 사람들과 대화를 나눌 수 있다는 것은 글을 쓴 사람만이 가지는 최고의 특권이라 일컬을 정도로 내게는 부족함이 없이 넘치는 기쁨이었다고 생각한다.

이 책이 나오기까지 도움을 주신 분들은 수도 없이 많다.

적은 지면이라 일일이 감사의 뜻을 전하지는 못하지만, 지금껏 도와주신 모든 분들에게 마음에서 우러나온 감사의 뜻을 전하고 싶다.

특히, 직장생활에 있어 늘 힘이 되어 주시는 LG경제연구원 이윤호 원장님, 홍덕표 상무님, 이승일 상무님, 이춘근 위원님, 김영민 위원님, 박팔현 위원님, 추일성 실장님께 감사를 드린다.

아울러 ㈜LG 정일재 부사장님 이하 지주회사 경영관리팀 전원에게도 이 자리를 빌려 진심으로 감사의 마음을 전한다.

넘치는 사랑을 말로 표현하기조차 어려운 나의 부모님과 형님, 형수님, 그리고 언제나 세상에서 제일 훌륭한 사위처럼 대해 주시는 장인, 장모님과 처남에게도 고마움을 전한다. 이 분들이야말로 언제나 나를 든든하게 지켜주고 믿어주는 내 마음의 햇살 같은 분들이시다.

또한 학문과 인생에 있어 내가 가장 사랑하고 존경하는 스승이신 고려대학교 김언수 교수님께도 감사의 뜻을 전한다. 김 교수님의 가르침과 도움이 없었다면 오늘의 내가 있지 못했을 것이라고 감히 단언할 수 있다.

책의 교정을 도와준 소민재 후배 내외와 이유 출판사의 정숙미 실장님에게도 감사드린다. 좋은 책을 만들기 위해 크나큰 노력을 하셨다.

끝으로 휴가마저 반납하고 노트북 앞에서 글과 씨름하는 남편을 위해 늘 따뜻한 눈빛과 격려로 지켜준 사랑하는 나의 아내 이소연에게 고마움과 사랑의 마음을 담아 이 책을 바친다.

차 례

Chapter 1

패러다임의 변화

소비자의 니즈는 더욱 다양화되고 복잡해지고 있다.

니즈 자체가 융합화되고 있으며, 다양한 니즈가 하나의 솔루션으로 해결되기를 희망하는 것이다.

"이것 아니면 저것"이라는 흑백 논리적 사고에서 벗어나

겉으로 보기에는 모순되는 요소들을 함께 추구하며

일관성보다는 역설적인 요인을 공존시킴으로써

상승효과를 이끌어 내려는 발상의 전환이 필요한 때다.

1:1 Match 사회에서 多:1 Match 사회로

기업 경영에 있어 '변화' 는 생존의 키워드다.

경영의 핵심은 외부의 환경 변화에 대응해 내부의 기업 전략을 끊임없이 맞추어 나가는 일련의 과정으로 귀결된다. 탐색과 수정이 끊임없이 반복되는 진화의 과정을 통해 기업은 오랜 기간 살아 남아 번영하게 되는 것이다.

지난 수 세기 동안 성공과 좌절을 반복한 수많은 기업들의 부침을 살펴보면, 왜 그토록 많은 기업들이 이와 같은 변화를 위해 몸부림치고 있는지 쉽게 알 수 있게 된다. 경쟁의 핵심이 되는 외부 변화를 잘 감지해 기업 스스로를 잘 바꿀 수 있는 기업은 살아 남았으며, 과거의 성공과 번영에 집착해 변화를 거부한 기업은 오래지 않아 스스로 그 운명을 다하기 마련이었던 것이다.

많은 경우 외부 환경의 변화는 패러다임이라고 불리는 일종의 '게임 룰(Game Rule)' 에 크게 영향을 받게 된다. 80년대 이전의 과거를 예로 들어본다면, 이 시기는 많은 기업들이 원가 절감을 통한 시장 확대에 주력한 시대였다. 규모의 경제를 달성하기 위해 표준화를 통한 대량 생산은 이 시대 경영의 주된 패러다임이었다. 기업의 성공은 당연히 많은 제품을 값싸고 더 많이 만드는 데 달려 있었다고 해도 과언이 아니었다.

반면, 90년대에 들어서는 다양한 기능, 품질 및 서비스 등을 통한 차별화 중심의 경제가 각광을 받기 시작하였다. 이는 수요보다 공급이 초과하면서 시장에서의 경쟁은 더욱 격해져 단순한 원가우위만으로는 더 이상 시장에서 생존하지 못한다는 절박한 이유 때문에 등장한 패러다임이었다. 살아 남아 높은 수익을 창출하는 기업이 되기 위해서는 개별 고객의 독특한 니즈에 대응할 수 있는 다양성에 근간한 맞춤 생산(Customization)에 눈을 돌려야만 했던 것이다.

이 때까지만 해도 기업들은 원가우위와 차별화의 전략을 결코 양립할 수 없는 것으로 인식했다. 왜냐하면 원가우위전략은 저원가를 유지하기 위해 추가적인 제품 특성이나 서비스를 없앤 표준화된 제품을 소비자에게 제공해야 하는 반면, 차별화 전략은 소비자에게 독특한 혜택을 주기 위해 추가적인 비용이 필요하고 또한 차별성을 유지하기 위해서는 원가 절감의 기반인 상대적 시장점유율이 낮을 수밖에 없었기 때문이다. 기업의 브랜드 이미지만 해도 값싼 싸구려 제품과 값비싼 명품 제품을 동시에 판매하는 것은 소비자로 하여금 이미지에 혼동을 주어 기업 전체로 보면 결코 도움이 되는 일이 아님을 쉽게 알 수 있다.

그러나 2000년대를 전후해서 결코 양립할 수 없이 배타적으로 보였던 두 가지 패러다임은 구체적으로 그 타협점의 실마리를 찾게 된다.

디지털화, 모듈화 등을 활용해 대량 생산과 맞춤 생산을 동시에 병행할 수 있는 대량 맞춤 생산(Mass Customization)의 시대가 열리고 있는 것이다.

예를 들어 최근 국내 한 컴퓨터 업체가 출시한 서랍형 맞춤 PC를 보아도 이러한 대량 맞춤 생산의 추세를 쉽게 알 수 있다. 이 서랍형 PC의 경우 소비자는 완제품이 아닌 자신의 기호에 맞춘 서랍식 주문이 가능하다. 자신이 원하는 대로 컴퓨터 사양을 조절하며, 자유롭게 CD-Rom이나 DVD 등의 모듈을 서랍식으로 설치할 수 있는 맞춤 생산이 가능하게 된 것이다.

불황기의 컴퓨터 시장에서 끊임없이 성장하고 있는 미국의 델(Dell) 컴퓨터만 해도 고객이 직접 사양을 선택해 주문하는 직접 맞춤 형태의 컴퓨터 제조회사다.

그러나 최근에는 이와 같은 대량 맞춤 생산의 시대에서 또 다른 경영상의 변화가 있어 특별한 주의를 요하고 있다. 그것은 바로 多:1 맞춤의 시대로 일컬어지는 융합, 퓨전의 경향이다.

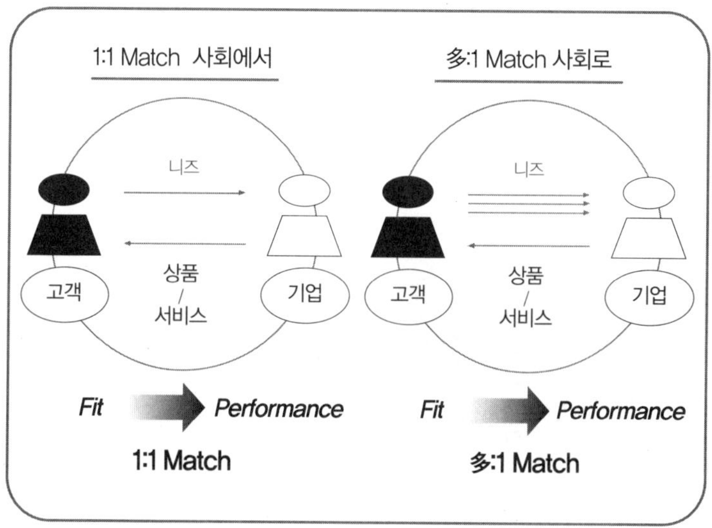

〈그림 1.1〉을 보면 알 수 있듯이, 과거에는 고객의 개별 니즈에 대응한 기업의 맞춤 생산이 기업의 주요 관심사였다. 다양한 고객 니즈 하나하나에 적합한 최적의 솔루션을 제공함으로써 차별화를 획득하는 것이다.

하지만 최근에는 고객들의 니즈가 고도화 · 세분화 됨과 동시에 이들 니즈 자체가 하나의 솔루션으로 해결되기를 원하는 경향이 등장하고 있다. 많은 경우 이는 기술의 발전과 융합에 따라 기존의 기능과 편이성을 훼손함이 없이 묶음의 형태를 그것도 단일기기로 제공하는 것이 가능한 점에 기인한다.

휴대폰을 생각해 보라. 처음에는 단순한 음성 통화만이 고객

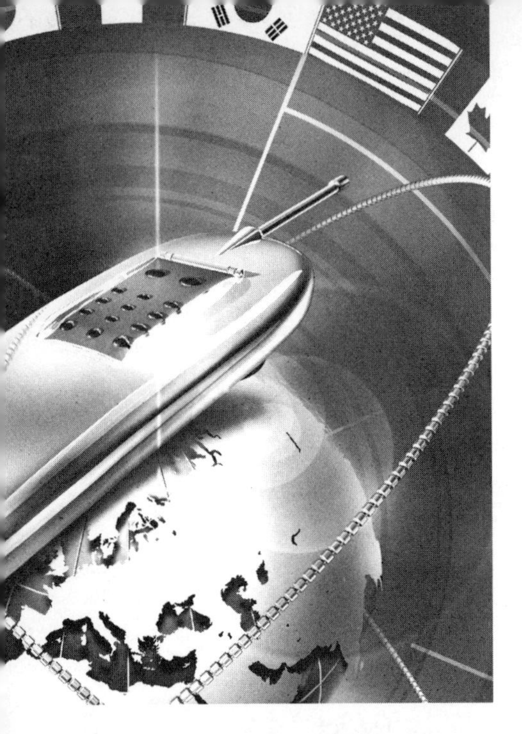

이 지닌 주된 니즈였다. 사람들은 휴대폰과 PDA, MP3 등은 개별로 들고 다니는 물건이라 생각했다. 그러나 이제 고객들은 변했다. 휴대폰이라는 하나의 기기로 손쉽게 사진을 찍고 MP3 음악을 들으며 캠코더 촬영을 하고 더 나아가 현금 대신 결제하는 만능지갑이기를 원한다.

물론 이러한 多:1 Match의 사회가 소비자의 세분화된 니즈를 무시했던 과거로의 회귀를 뜻하는 것은 아니다. 이는 고객 니즈가 세분화하지 않았던 과거의 이유가 다분히 생산자 측면에서 규모의 경제를 획득하고 원가를 낮추기 위한 방안이었다고 하면 최근의 多:1 Match 현상은 오히려 소비자가 원하는 복합화된 니즈를 기업이 따라가는 측면이 강하다.

결론적으로 말해 고객들은 이제 니즈 자체의 다양성을 인정하면서도 복수의 니즈를 동시에, 그리고 한꺼번에 만족시켜 줄 수 있는 상품에 더 큰 매력을 느끼고 있다. 소비자의 니즈 자체를 묶어서 하나로 제공하는 多:1 Match 사회, 바로 퓨전과 융합화의 시대가 열리고 있는 것이다.

'양자 택일(Or)'의 사고방식에서 '그리고(And)'로의 전환

고객 니즈 자체의 융합화에 대응하기 위해서 기업의 경영 마인드도 변하고 있다. 다음의 질문들은 현대를 살아가는 경영자들이라면 누구나 한번쯤은 귀를 기울여 본 적이 있을 것이다.

● 조직의 변화 '아니면' 조직의 안정, 둘 중에서 하나를 선택하라면?

● 점진적인 변화 '아니면' 혁신적인 변화, 둘 중에서 하나를 선택하라면?

● 원가우위 '아니면' 품질 차별화, 둘 중에서 하나를 선택하라고 한다면?

● 보수적인 조직 문화 '아니면' 기업가 정신이 충만한 문화, 둘 중에서 하나를 선택하라면?

● 서구식 단기 성과주의 '아니면' 동양적 장기 관점 문화 둘

중에서 하나를 선택하라면?

- ●경쟁 '아니면' 협력, 둘 중에서 하나를 선택하라면?
- ●비전적·미래지향적 '아니면' 뛰어난 일상적 실행, 둘 중에서 하나를 선택하라면?

아마도 이 질문들에 대해 쉽게 해답을 제시할 수 있었던 경영자는 매우 드물었을 것이다. 왜냐하면 실제 경영 현실에서는 위와 같은 질문들이란 것이 하나를 위해 다른 하나를 희생하기에는 두 가지 다 모두 너무 소중한 가치들이 대부분이기 때문이다.

그렇다면 많은 사람들이 주장하듯이 이와 같은 경영의 중요한 선택들이 하나를 위해 다른 하나를 포기해야 하는 '또는(or)'의 개념으로만 보아야 하는 것일까? 하나를 포기하지 않고 '그리고(and)'라는 개념으로 두 가지 모두를 받아들이는 것은 과연 불가능한 일일까?

물론 겉으로 보기에 상반되는 두 가지 개념을 한꺼번에 선택하기란 무척이나 어려운 일임에는 분명하지만, 시장을 새롭게 보는 안목과 창의력, 그리고 이를 기필코 달성하겠다는 기업의 실행력에도 불구하고 '그리고(and)'의 개념이 언제나 불가능하다는 데에는 동의할 수가 없다.

오히려 많은 경우, 사람들의 생각은 기존의 습관과 타성에 젖어 한 가지 이외의 생각을 하지 못하는 경우가 다반사라는 점을 지적하고 싶다. 모든 사업 모델은 영원불멸하지 않다. 어떠한 고정관념이나 성공 경험도 시대가 바뀌고 환경이 변하면 쓸모없어지게 마련이다. 실제로 업계의 관행이라고 불리는 고정관념에 사로잡혀 많은 경영자들이 시장과 기술과 같은 외부환경이 변할 때 파생되는 새로운 사업 기회를 놓치게 된다.

물론 우리가 '또는(or)' 이라는 사고를 가지게 된 나름대로의 타당한 이유도 많이 있을 수 있을 것이다. 기업의 한정된 자원을 고려해 잘 할 수 있는 부분에만 힘을 실어야지, 모든 것을 다 잘 하려고 하다가는 이도저도 아닌 것이 되고 만다는 논리도 분명 설득력이 있다.

그러나 기업 경영의 현실에 있어서는 한 가지 해답으로 모든 것을 만족시킨다는 것은 애당초 불가능한 일이며 그 반대의 생 각이 신선한 발상의 전환을 가져오는 경우가 많다. 오히려 우리 에게 더욱 필요한 것은 균형적 시각이다. '또는' 이라는 사고가 경영의 현장에서 설득력이 있다면 그만큼 그 이면의 생각인 '그 리고' 의 사고도 충분한 설득력이 있을 수 있다는 점을 간과하지 말아야 한다는 것이다.

주위를 둘러보자. '그리고' 를 선택할 수 있을 때 '혹은' 을 받 아들일 사람들이 어디 있겠는가. 특히 오늘날의 경영환경처럼 모든 것들이 급변하고 '불확실성' 이 극에 달한 경우, 하나의 해 답만을 강요하는 것은 그 발상 자체가 어리석은 일일 수도 있다. 실제로 이와 같은 '그리고' 적인 사고는 남들이 하기 어려운 만 큼 경쟁자가 모방하기 어려운 새로운 게임의 룰을 세울 수 있다 는 점에서 더 큰 가치를 부여할 수 있다.

예컨대, 미국 역사상 최고 인기 유아프로그램으로 불리는 〈세

서미 스트리트〉의 근본 이념은 재미와 교육이라는 상반된 가치를 and의 개념으로 결합한 에듀테인먼트(edutainment)다. 또한, 벤츠나 GM 등과 같은 서구 기업이 소비자에게 가격 혹은 품질이라는 선택권만을 준 반면, 도요타는 경제적이면서도(and) 품질 좋은 자동차로 미국 시장을 석권했다.

앞서 말한 대량 맞춤 생산(Mass Customization)의 핵심 성공 요인 역시 개인 수준에서의 맞춤 상품을 경쟁적인 가격으로 생산하는 데 있는 것이다. 즉, 품질-서비스-특성-성능 등과 같은 핵심 요소에 대해 구매자의 기대를 만족시키거나 혹은 그 이상을 제공하되, 가격에 있어서는 '이렇게 쌀 수가…….' 하는 반응이 나오도록 유도하는 것이다.

스탠포드 경영대학원의 저명한 학자인 콜린스와 포러스는 오랜 기간 동안 우수한 성과를 내고 있는 18개의 초우량 기업을 6년간이나 연구한 끝에 세계 초우량 기업의 경우 일견 양립할 수 없는 것으로 보이는 목표를 동시에 추구해야 한다는 독특한 결론을 내린 바 있다. 즉, 사물은 'A 아니면 B' 라는 식의 흑백 논리 대신에 'A 그리고 B' 가 될 수도 있음을 믿는 것이다.

이제부터 우리가 할 일은 그 동안 안 된다고 생각해 왔던 많은 경영의 편견들을 허물어 보려는 시도다. 양자 택일식의 경영을 지양하고 겉으로 보기에는 모순되는 요소를 함께 추구하며 일관성보다는 역설적인 요인을 공존시킴으로써 상승효과를 이끌어 내려는 노력을 이제 시작해 보는 것이다.

지금은 퓨전 시대

티타늄 페이스에 카본 몸체를 가진 퓨전 골프채부터
녹차와 우유를 섞은 퓨전 녹차음료,
심지어는 무에타이와 가라테를 연마한 선수들이
사각의 링에서 맞붙는 이종격투기 바람마저 불고 있다.
바야흐로 지금은 퓨전 시대다.

퓨전(Fusion) 혁명

디지털화가 급속하게 진행되면서 융합이라는 의미의 퓨전(Fusion)에 대한 열풍이 거세다. 원래 다른 장르의 음악과 융합된 재즈(Jazz) 음악을 설명할 때 주로 쓰였던 용어지만, 이제는 디지털 시대를 상징하는 키워드로 자리잡아 가고 있다.

휴대폰만 해도 요즘은 할 수 있는 일이 참 많다. 전철도 타고 물건을 사며 음악도 듣고 심지어는 사진까지 찍을 수 있다. 건설업체와 통신업체가 만나 '사이버 아파트' 라는 절묘한 비즈니스를 만들고 자동차 회사와 전자 · 통신기업이 힘을 합쳐 승용차를 '달리는 사무실' 로 만든다.

티타늄 페이스에 카본 몸체를 가진 퓨전 골프채부터 녹차와 우유를 섞은 퓨전 녹차음료에 이어 심지어는 무에타이와 가라테를 연마한 선수들이 사각의 링에서 맞붙는 이종격투기 바람마저 불고 있다. 이전에는 상상할 수 없었던 많은 일들이 실제 눈앞에 펼쳐지고 있으며, 퓨전이라는 이름을 통해 현실화되고 있다.

바야흐로 지금은 퓨전 시대다. 이와 같은 퓨전의 흐름을 기업 경영에서 살펴보면 크게 다음의 세 가지로 나누어 볼 수 있다. 바로 제품의 융합, 기술의 융합, 서비스의 융합이 그것이다.

1. 제품의 융합

주로 가전이나 IT 기업들이 퓨전을 통해 디지털 기기를 중심으로 변모하기 위해 집중하는 형태다. 휴대폰을 통한 모바일 컨버전스나 디지털 가전기기를 통한 홈 네트워킹 비즈니스 등이 여기에 해당된다.

2. 기술의 융합

기술의 융합화와 복합화는 퓨전 테크놀로지를 탄생시켰다. 미래 성장 엔진으로 불리는 정보통신, 생물학, 나노 기술, 컨텐츠 기술, 환경 분야 등의 기술이 이미 융합되어 새로운 부가가치를 창출하고 있다.

3. 서비스의 융합

무형의 서비스 분야에서 이종 서비스와의 영역 파괴를 통해 새로운 부가가치 분야를 개척하는 것을 말한다. 금융과 보험의 퓨전인 방카슈랑스를 대표적인 사례로 들 수 있다.

기업의 입장에서 보면 제품의 융합, 기술의 융합, 서비스의 융합 중 어느 것에 특별히 우선순위를 매길 필요는 없다. 개별 기업이 처한 조건과 기업의 역량을 고려해 최선의 선택을 하면 그만이다. 이 장에서는 퓨전을 위한 제품, 기술, 서비스의 영역 파괴를 좀 더 살펴보기로 한다.

디지털 기기의 중심 :
제품의 퓨전화

PC와 인터넷을 앞세운 '퓨전 혁명'은 제품에 대한 고정관념을 송두리째 바꾸고 있다. 기존의 아날로그 제품에 디지털 기술이 결합해 이전에는 상상할 수 없었던 새로운 제품들이 속속 등장하고 있다. 인터넷 냉장고, 휴대폰 현금카드, DVD 콤비 등 과거의 제품 영역을 허무는 각종 퓨전 제품들이 바로 그것이다.

특히, 오늘날 강한 기업이라고 불리는 서구 선진 기업들은 하나같이 퓨전으로 무장한 느낌이다. 물론 모든 기업들이 스스로 퓨전을 말하는 것은 아니다. 그러나 그들의 경쟁력은 기존 요소 간의 갈등을 넘어선 '그리고(and)'적인 사고에서 나온다는 말이다.

이 가운데 특히 주목되는 것은 '소니(Sony)'의 변신이다. 90년대 초반까지만 해도 소니는 네트워크로 표현되는 인터넷 시대와는 전혀 상관없어 보이는 가전업체였다. 그러나 e-소니(e-

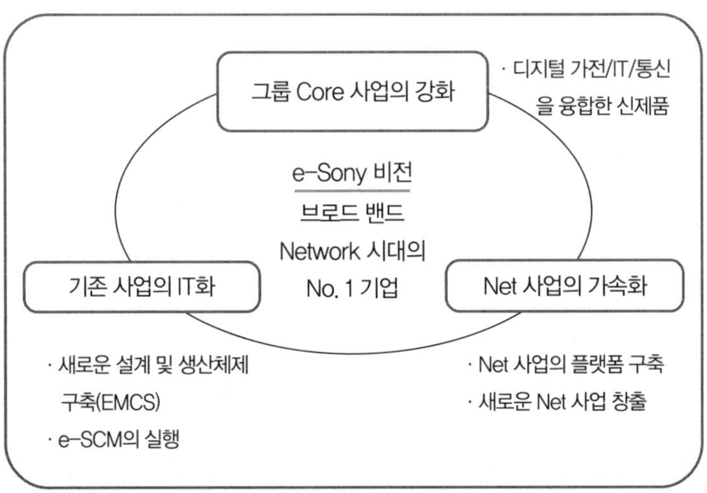

〈그림 2.1〉 디지털 기기의 중심 : 소니의 비전

Sony) 구상에서 밝혔듯이, 소니는 더 이상 단순한 가전업체가 아니라 정보 흐름의 한가운데 위치한 인터넷 업체로 변모했다.

〈그림 2.1〉을 보면 알 수 있듯이 소니의 경우 '브로드 밴드 네트워크 시대의 No.1 기업' 이라는 비전 아래 모든 것을 연결하는 전략을 취하고 있다. '언제, 어디서나' 라는 뜻의 '유비쿼터

상식 용어 뛰어넘기

**유비쿼터스
(Ubiquitous)**

라틴어로 '언제 어디서나'의 의미다. 사용자가 컴퓨터나 네트워크를 의식하지 않는 상태에서 장소에 구애받지 않고 자유롭게 네트워크에 접속할 수 있는 디지털 환경의 조성을 뜻한다. 정보 통신 기술과 디지털 기기 등의 발전에 크게 영향을 받았다.

스(Ubiquitous)' 전략이 바로 그것이다. 이 경우 디지털 가전과 IT 분야의 융합을 통한 신제품이 이러한 연결의 중심 역할을 한다. 즉, 게임기나 컴퓨터 등을 플랫폼으로 삼아 소니의 모든 사업 역량을 집결하는 것이다.

예를 들어, 소니는 하드웨어 이외에 소니의 다른 전략 사업인 영화, 음악과 같은 디지털 소프트웨어로 또 다른 퓨전화를 추구하고 있는데 이를 통해 게임기, 노트북, TV 등과 같은 자사의 디지털 기기로 소니의 게임, 음악, 영화에 대한 정보 등을 실시간으로 공유할 수 있는 시대를 열겠다는 말이다.

더 나아가 소니는 생산 방식에도 퓨전화를 채택하고 있다. EMCS(Engineering Manufacturing Customer Service)라 불리는 새로운 공장 방식이다. 이는 'AV-IT'의 융합이 진전되면서 전통적인 하드웨어의 생산 활동에 대한 부가가치가 떨어지는 현상을 타개하기 위해 생산 부분은 외주를 통해 해결하고, 본사는 디지털 기기의 핵심 분야만 집중한다는 계획인 것이다.

이처럼 소니의 핵심 경영활동에는 '그리고(and)'적인 사고가

면면이 녹아 들어가 있다. 지금까지 경영이 취사선택/양자 택일의 방식으로 이뤄졌다면, 이제는 두 가지 이상의 가치들을 합치는 경영으로 무게중심이 옮겨지는 양상이다.

소니의 성공은 이와 같은 시대의 변화를 잘 인지하고 적응한 데 기인한다. 하드웨어와 소프트웨어의 결합이 갖는 중요성을 일찍이 깨닫고 세계 최고 수준의 AV 기기를 플랫폼으로 활용해 정보가 흐르는 전 과정을 장악한 것, 그것이 바로 소니의 성공 비결인 것이다.

퓨전 테크놀로지 :
기술 분야의 퓨전화

기술 분야에 있어서도 퓨전의 바람은 거세다. 제품의 다기능화와 차별화된 서비스에 대한 소비자의 욕구 증대로 인해 기술 간의 경계가 사라지고 있다. 21세기에 나타나고 있는 기술발전의 가장 큰 특징 중의 하나라 불리는 퓨전 테크놀로지(Fusion Technology)가 등장한 것이다.

실제로 현미경으로만 보일 정도의 작은 로봇이 인간의 몸에 들어가 질병을 퇴치하는 일은 더 이상 공상과학 영화에서만 나오는 일이 아니다. 나노(Nano) 기술과 의학, 엔지니어링 기술 간의 융합으로 만들어지고 있는 나노 로봇의 등장이 멀지않았기 때문이다. 인류를 질병으로부터 구원해 줄 것이라는 희망을 안겨준 인간 유전자 지도의 완성 역시 생물학과 정보통신의 퓨전이 있었기에 가능한 일이었다.

퓨전 테크놀로지의 진화 방향은 크게 세 가지로 나눌 수 있다.

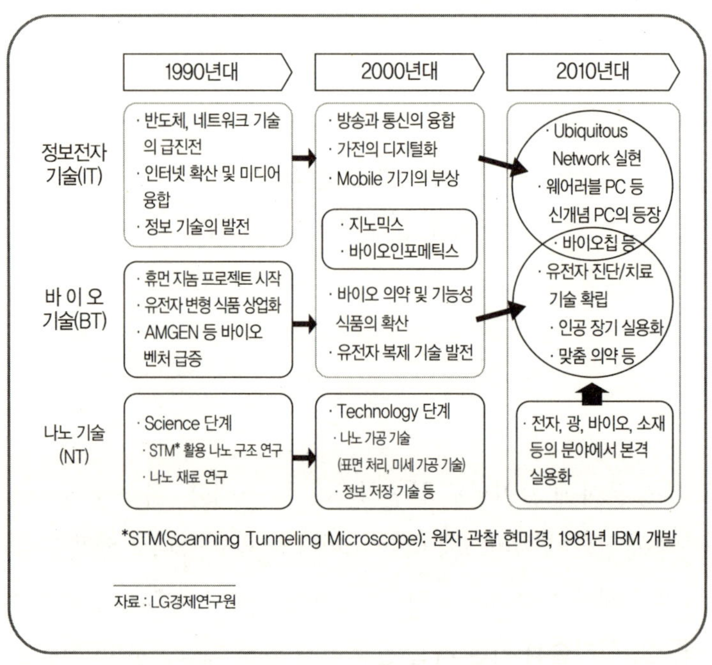

첫째, 신기술 간의 결합은 미래 성장 엔진이라고 불리는 IT(정보통신), BT(생물학), NT(나노 기술), CT(컨텐츠), ET(환경)의 5T 간에서 활발하게 진행중이다(〈그림 2.2〉 참조).

생물학과 정보통신 기술이 결합해 만들어 내는 바이오인포메틱스(Bioinformatics)는 생명현상에 나오는 다양한 생물 정보를 이용해 엄청난 부가가치의 기회를 만들고 있다. 뿐만 아니라 컨텐츠 기술 역시 IT라는 강력한 지원군에 힘입어 온라인 컨텐츠라는 새로운 영역을 통해 발전의 속도를 늦추지 않고 있다.

생물정보회사인 DoubleTwist는 바이오인포메틱스의 선두를 달리는 기업이다.

인터넷 바이오인포메틱스 포털인 DoubleTwist.com을 통해 지놈 데이터베이스, 생물 정보 소프트웨어 등을 판매하고 있다. 다양한 IT 업체와의 제휴를 통해 서비스의 유료화에도 성공하고 있는 회사다. 이와 같은 바이오인포메틱스 분야는 전세계적으로 연평균 45%의 고성장을 실현, 2004년에는 110억 달러 이상의 시장을 이룰 것으로 전망되고 있다.

둘째, 신기술과 기존 기술 간의 결합은 주로 경쟁력 강화를 위한 차별성 확보에 주안을 두고 이루어진다. 예를 들어 전국에 깔린 수많은 전력선을 활용해 초고속 통신 사업을 가능케 하는 전력선 통신(PLC : Power Line Communication)은 신기술과 기존 기술을 융합해 새로운 부가가치를 창출하는 좋은 사례다. 즉, 기존 기술로 아무 쓸모없어 보이던 전력선을 통신 기술과 접목해 각종 가전기기를 연결하는 홈 네트워크를 가장 저렴한 비용으로 구축할 수 있는 경쟁력 있는 기술로 탈바꿈시킨 것이다.

셋째, 기존 기술 간의 융합은 고객에게 새로운 편익을 주기 위한 아이디어 중심으로 진행되고 있다. 이미 알려진 기술이더라도 융합의 결과 전혀 다른 느낌의 제품으로 탈바꿈할 수 있다.

차세대 휴대용 디지털 기기로 꼽히는 퍼스널 멀티미디어 플레이어(Personal Multimedia Player)는 쉽게 말해 동영상 MP3 플레이어다. 노래 대신 영상을 압축한 기기에다 LCD 화면을 첨가한 형태로 어느 것 하나 새로운 기술은 없다. 그러나 휴대폰을 통한 엔터테인먼트가 음악에서 사진은 물론 동영상까지 저변이 확대되면서 PMP가 하나의 제품으로 다양한 멀티미디어를 즐길 수 있는 개인화된 기기로 급부상하고 있다.

PMP에서 알 수 있듯이 기술이란 반드시 새롭다고 좋은 것만은 아니다. 그보다는 고객의 니즈를 제대로 반영한 상업성 있는 제품으로 연결시키는 것이 더욱 중요하다. 특히, 21세기에 들어와 기술 수명주기(Life Cycle)가 갈수록 짧아져 새로운 기술에 들어간 투자비를 회수하는 것이 더욱 힘들어지고 있는 현실에 비춰 보면 신기술에만 집착하는 것은 시대착오적인 발상임에 틀림없다.

방카슈랑스 : 서비스 분야의 퓨전화

서비스업에도 퓨전의 바람이 불고 있다. 퓨전은 이제 MP3 휴대폰, 인터넷 냉장고 등과 같은 제품에만 국한되는 현상이 아니다. 최근 들어 금융시장의 지각 변동을 예고하고 있는 방카슈랑스는 서비스 산업의 퓨전에 대한 좋은 예라고 할 수 있다.

금융감독원 자료에 의하면 2003년 9월부터 2004년 7월까지 방카슈랑스를 통해 판매된 생명보험상품은 모두 42만 6,100건, 초회 보험료 총액은 2조 9,055억 원에 이른 것으로 집계됐다.

방카슈랑스란, 프랑스어인 '은행(Banque)'과 '보험(Assurance)'이 결합된 말이다. 은행과 보험사가 업무 제휴 협정을 체결하거나 은행이 자회사로 보험사를 세워 보험상품을 동시에 판매하는 것을 의미한다. 은행 창구에 가면 예 · 적금, 대출 등과 같은 기존의 업무 뿐만 아니라 보험에도 가입할 수 있는 시대가 온다는 말이다.

이미 유럽의 선도 은행들은 보험과 투자상품 판매 등의 보험 서비스를 통해 소매금융 수익의 20~30%를 얻고 있으며, 방카슈랑스가 처음 시작된 프랑스에서는 은행의 보험상품 판매가 전체 생명보험 시장의 50% 이상을 차지하고 있다. 이처럼 상당수 금융 선진 기업들은 보험업과 은행업의 퓨전 효과를 잘 이해하고 이를 적절히 활용하고 있는 것이다.

그렇다면 이와 같은 보험업과 은행업의 퓨전으로 얻을 수 있는 보다 구체적인 효과는 무엇인가? 크게는 기업 경쟁력 강화, 신규 수요 창출, 소비자 편이성 증대, 보험료 하락 등의 네 가지 효익을 들 수 있다(〈그림 2.3〉 참조).

첫째, 기업 경쟁력 강화 측면에서는 기존의 은행 점포망을 통

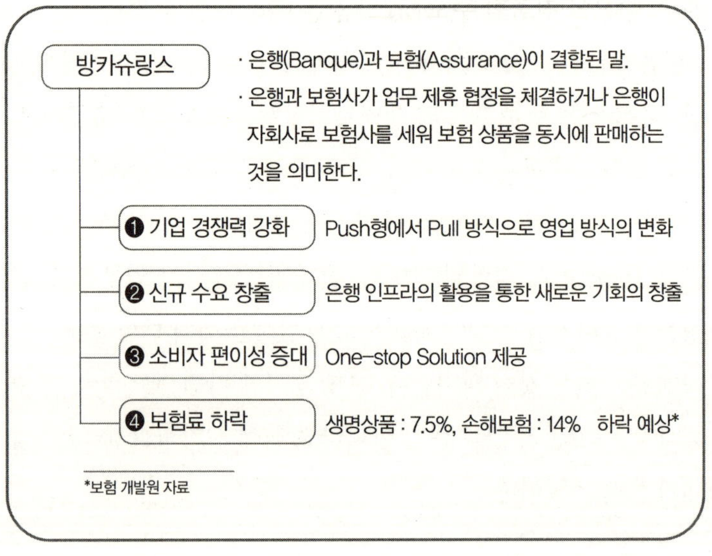

〈그림 2.3〉 방카슈랑스의 개념 및 의의

해 상품 판매가 가능해 전국적인 영업망 유지를 위한 비용이 필요 없게 된다. 특히 대부분의 국내 보험 회사들이 '보험 아줌마'를 통해 공급자가 고객에게 일일이 찾아가는 푸시(Push) 형이었다면 은행과의 퓨전을 시도할 경우 은행으로 찾아오는 고객만을 상대하는 효율적인 풀(Pull) 방식으로 영업 방식이 전환된다.

실제로 금융감독원이 최근 발표한 2003년 보험모집 경영효율 분석 결과, 방카슈랑스가 시작된 후 2002년 15만 1,029명이던 보험설계사 수가 2003년에는 14만 2,268명으로 급감한 것으로 나타났다.

둘째, 이를 통해 기존 보험사만으로는 성장에 한계가 있었던 보험 시장 전체의 파이를 키우는 역할을 할 수 있다. 은행 인프라를 통한 잠재고객의 발굴로 새로운 신규 수익원을 발굴할 수 있는 것이다. 더 나아가 은행의 안정성, 신뢰성을 활용해 자발적인 보험 수요를 창출할 수도 있으며, 방대한 고객 정보를 보험 마케팅과 연계할 수도 있다. 가령 계열 은행의 프라이비트 뱅킹에 자금을 예치한 부유층 고객의 정보를 활용, 고객의 입맛에 맞는 라이프 플랜을 제시함으로써 거액의 보험상품을 판매할 기회를 잡을 수 있게 되는 것이다.

셋째, 소비자 입장에서도 효익이 발생한다. 은행과 보험사를 나누어 갈 필요 없이 한 군데서 모든 고객 니즈를 해소할 수 있기 때문이다. 실제로 이와 같은 '원스톱 쇼핑'에 대한 소비자의 선호도는 지극히 높은 것으로 분석되고 있다.

넷째, 궁극적으로는 보험료의 하락을 가져오는 효과가 있을 수 있다. 기업의 중복 프로세스를 제거하는 데 발생하는 이익을 돌려받아 이전보다 낮은 보험료가 가능해진 것이다. 보험개발원에 따르면 방카슈랑스가 도입될 경우 생명상품 보험료는 현재보다 평균 7.5%, 손해상품 보험료는 14% 인하될 것이라고 한다.

외국 사례를 보아도 이와 같은 방카슈랑스의 효과는 매우 큰 것으로 나타나고 있다. 예를 들어, 프랑스의 카디프(CADIF)는 이와 같은 방카슈랑스를 특화해 세계적인 명성을 얻고 있는 보험회사다.

최근 우리 나라의 신한은행과 제휴를 추진하고 있으며 이미 전 세계 26개 국에 진출해 시티은행, GE캐피탈 등 150여 개사와 제휴를 맺고 방카슈랑스 업무를 진행중이다. 2000년 총보험료 수입은 93억 유로로 우리 돈 10조 1,200억 원에 달한다.

영국의 푸르덴셜 생명보험 역시 아시아 지역에 진출한 12개 국 중 9개 국에서 방카슈랑스 방식으로 영업을 하고 있으며, 2001년에는 이 한 분야에서 17% 이상의 고속 성장을 기록하고 있다.

〈표 2.1〉은 방카슈랑스의 설립 형태를 유형별로 나누고 이에 해당하는 해외 사례를 정리한 것이다.

유형별로 보면 첫째는 어슈어뱅크의 형태다. 이는 은행이 보험사를 공격하는 형태를 취하는 것에 대한 정반대 대응으로 보험사의 은행 진출을 뜻한다. 영국의 푸르덴셜사가 자사 600만 명 계약자 만기 보험금 그룹을 은행권으로부터 지켜내기 위해 사이버 은행(ESG)을 설립한 경우다.

둘째, 은행이 생보 자회사를 설립할 수 있다. 프랑스의 크레디

<table>
<tr><td colspan="2" align="center">〈표 2.1〉 방카슈랑스 설립 유형별 해외 사례</td></tr>
</table>

설립 유형	유형별 해외 사례
어슈어뱅크	· 푸르덴셜(영국) – 자사 600만 명 계약자 만기 보험금 그룹의 　유출 방지 목적으로 사이버 은행(ESG) 설립
생보 자회사	· 크레디 아그리콜(프랑스) – 생보 자회사 설립, 업무 개시 후 대성공
단순판매 제휴	· 알리안츠–드레스너 은행 – 드레스너는 알리안츠 보험회사의 지점망을 　통해 생명보험 상품과 은행의 금융 서비스 제공
자본 참여에 의한 판매 제휴	· 유에이피–비엔피(프랑스) – 상호 자본 10% 보유

아그리콜의 경우가 이에 해당하며 생보 자회사 설립 후 큰 성공을 거둔 바 있다.

셋째, 은행과 보험사의 단순판매 제휴의 유형이다. 알리안츠 보험사와 드레스너 은행의 제휴 형태로 드레스너는 알리안츠 보험회사의 지점망을 통해 고객에게 생명보험 상품과 은행의 금융 서비스를 제공하였다.

마지막으로, 자본 참여에 의한 판매 제휴의 유형을 들 수 있다. 이는 프랑스의 유에이피와 비엔피의 경우처럼 상호 자본 참여 방식에 의한 판매 제휴를 말하며, 양사는 상호 자본 10%를 소유하며 방카슈랑스를 도입하였다.

이처럼 서구 금융 선진국들은 방카슈랑스라는 은행과 보험업의 퓨전을 통해 변화하는 경영환경에 능동적으로 대처하고 있다. 그러나 퓨전을 통한 금융 서비스업의 진화는 아직 초기 단계에 지나지 않는다. 향후에는 은행업, 보험업에 이어 증권업으로까지 그 영역이 확대될 것이기 때문이다. 이렇게 되면 은행 지점 내에서 예금, 대출 업무와 보험상품 판매에 이어 투자상담, 주식매매 서비스까지 가능하게 된다. 퓨전을 통해 금융의 3대 축인 은행, 증권, 보험의 3대 서비스가 하나의 축으로 통합되는 날도 멀지않았다.

21세기 경영의 키워드 "퓨전 경영"

퓨전 경영이란 제품, 기술, 서비스 등과 같은 경영의
제반 활동들이 양자 택일의 흑백 논리로부터 벗어나서
서로 부족한 부분들을 메워 상생(相生)의 길로 나아가려는
일련의 경영혁신 활동을 의미한다.

퓨전 경영의 정의

2000년 초 새로운 천년이 시작될 때, 우리는 'e-비즈니스' 라는 열풍을 경험한 바 있다. 인터넷을 기반으로 한 새로운 기업 패러다임은 세상을 뒤흔들기에 충분했고, 사람들은 너도나도 e-비즈니스에 적응하지 못하는 기업은 조만간 도태될 것처럼 행동했었다.

그러나 수 년이 지나지 않아 지금은 오히려 e자를 떼어 내는 것이 앞서나가는 기업들의 움직임이 되어 버렸다. 인터넷은 대다수 기업들에 있어 기존의 사업을 대체하는 획기적인 신개념이라기보다는 기존 사업의 기반 위에 효율성을 높여주는 보완재로서의 역할이 더욱 강했다는 사실이 증명된 것이다. e-비즈니스라는 것도 겪어 보니 기존의 사업과 별반 다를 게 없었다는 얘기다.

그러나 e-비즈니스의 출현은 온라인과 오프라인을 통합시킨 클릭앤모타르(Click & Mortar) 등과 같은 실물에 기반한 전자상거래의 성공적인 비즈니스 모델을 등장시켰다. 양자의 강점을 적절히 융합하여 새로운 시너지를 창출하는 것이야말로 현대의 비즈니스 환경에 적절한 대응 방식임을 새삼 일깨워 주는 대목인 것이다. 퓨전이야말로 디지털 세상의 진화를 위해 요구되는 핵심적인 요소인 셈이다.

디지털화가 점점 진전되면서 통합 가능성, 집약 가능성의 증가는 돌연변이가 일어날 복제 가능성을 더욱 높여주고 있다. 쉽게 말해 앞으로 기존의 제품, 서비스, 기술 등의 장점을 모은 하이브리드(잡종)가 나올 가능성이 더욱 커진다는 말이다. 그러나 잡종이라는 말에서 더 이상 부정적인 의미를 찾기란 매우 어려운 일이다.

하이브리드는 생존 전략의 차원에서 보면 오히려 환경 변화에 대한 적응력이 더 뛰어난 존재다. 다시 말해, 다양성을 높인다는 차원에서 퓨전을 바라보아야지, 이를 단순한 혼란(Confusion)으로 바라보아서는 안 된다는 말이다.

이와 같은 퓨전의 의미를 경영상에 접목시킨 것이 퓨전 경영이다. 이는 앞서 살펴본 제품, 기술, 서비스 등에 있어서 영역과 국

적을 파괴하는 융합의 시대에 생존하기 위해 전통과 첨단, 동양
과 서양의 가치, 혁신적인 변화와 점진적인 변화 등과 같은 상호
이질적인 두 가지 이상의 가치들을 결합할 수 있는 지혜의 모색
에서 출발한 개념이다.

　퓨전 경영을 한마디로 정의하자면 제품, 기술, 서비스 등과 같
은 경영의 제반 활동들이 양자 택일의 흑백 논리에서 벗어나 서
로 부족한 부분을 메워 상생(相生)의 길로 나아가려는 일련의 경
영혁신 활동으로 표현할 수 있다. 원래 다른 장르의 음악과 융합
된 재즈 음악을 설명할 때 주로 쓰였던 퓨전이 이제는 영역과 국
적을 넘나드는 경영활동을 상징하는 키워드로까지 발전하고 있
는 것이다.

경영을 믹서기에 넣고 흔들면 퓨전 경영?

그러나 퓨전 경영을 기존의 것에 대한 단순한 결합이라고 인식하는 것은 곤란하다. 퓨전을 단순한 복합물이라고 인식해서는 기존의 것을 두고 굳이 퓨전화된 제품이나 서비스를 택할 이유가 없기 때문이다. 이것 저것 되는 대로 경영의 요소를 믹서기에 넣고 흔들면 퓨전 경영이 저절로 튀어나오는 것은 결코 아니라는 말이다.

이와는 정반대로 진정한 의미의 퓨전 경영이란 1+1 이상의 추가적인 시너지를 얻을 수 있을 때까지 퓨전의 개념이 확장되어야만 완성되는 것이다.

그렇다면 이와 같은 퓨전 경영을 통해 얻을 수 있는 효과는 무엇일까? 기업이 어떠한 이유에서 퓨전에 관심을 두게 되는 것일까? 기업의 장기적인 번영과 경쟁의 우위를 가져오기 위해서는 내부 경쟁력의 강화라는 측면과 외부 기회의 확보라는 두 가지 측면에서의 고려가 필수적이다.

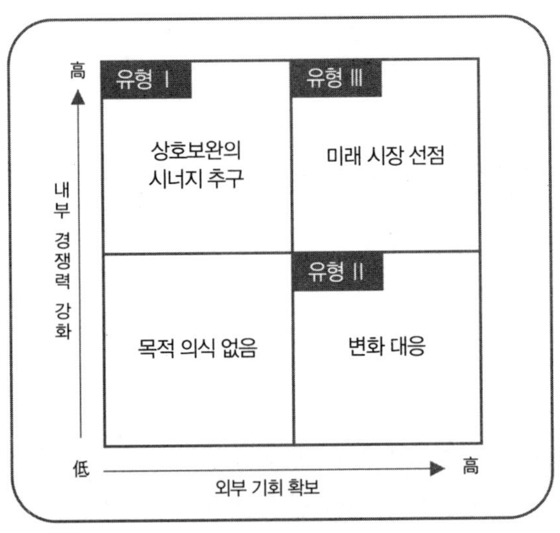

이를 위해 〈그림 3.1〉과 같이 기업의 내부 경쟁력 강화와 외부의 기회 확보라는 두 축을 통해 세 가지 퓨전 경영의 효과를 도출해 보았다. 상호보완의 시너지 추구, 변화 대응, 미래 시장 선점과 같은 세 가지 효과가 바로 그것이다.

● 유형 Ⅰ : 상호보완의 시너지를 추구한다

첫번째 유형은 퓨전 경영을 통해 상호보완의 시너지를 추구하는 측면이다. 퓨전을 통해 규모의 경제를 실현하기도 하고 기존의 업무 기반을 공유, 비용을 절감시키기도 하는 것을 말한다.

실제로 동일 기반 기술을 활용해 저렴한 가격에 프린트기 · 복사기 · 스캐너를 함께 제공하는 복합기라든지, 은행이라는 실물 기반을 활용해 판매망 구축 비용을 대폭적으로 절감한 방카슈랑스(은행+보험) 등에서 이와 같은 효과는 두드러지고 있다.

미국 통신회사들의 통신상품 번들링 사례도 이와 유사한 맥락에서 바라볼 수 있는 사례다. 미국 굴지의 통신회사인 버라이어존이 무제한 시내/시외 전화 상품과, 초고속 통신상품, 무선 랜 상품을 결합한 '베리에이션올(Variation All)'이라는 상품으로 소비자의 큰 호응을 받고 있다.

이와 같은 번들링 상품을 통해 버라이어존이 목적하는 바는 자사가 지닌 시내 전화망, 초고속 통신망, 무선 통신망 간의 상호보완의 효과다. 이러한 상호보완의 효과가 가장 크게 나타나는 것은 물론 가격의 할인이다. 번들링을 하지 않은 기존의 요금으로 134.85 달러의 비용이 발생하는 반면, 번들링을 했을 때는 124.90 달러의 비용밖에 발생하지 않아 전체로는 7% 정도의 할인율을 보이고 있다(〈그림 3.2〉 참조). 더 나아가 버라이어존은 요금 청구시에도 통합 과금제를 도입하고 각종 서비스 센터도 통합하는 등 이와 같은 서비스 및 가격 할인의 폭을 더욱 넓혀 나갈 예정이라고 한다.

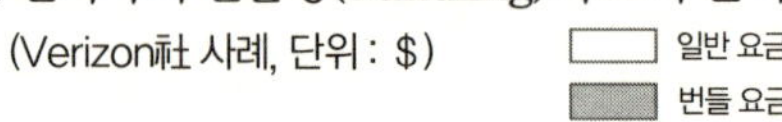

〈그림 3.2〉 미국 통신회사의 번들링(Bundling)의 효과 분석
(Verizon社 사례, 단위 : $)

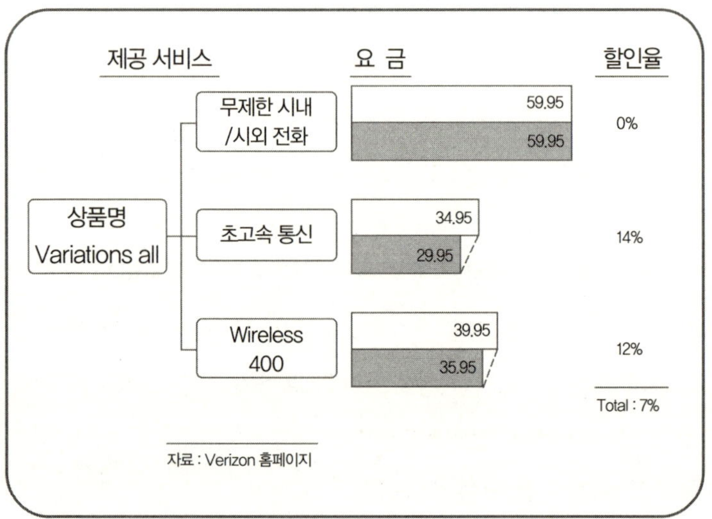

● 유형 II : 변화에 대응한다

두 번째 유형은 변화에 대응하기 위해서다. 한 가지 기술 혹은 한 가지 제품만으로는 급변하는 디지털 환경에서 살아 남기 어렵다. 제품/기술의 수명 주기는 짧아지고 고객의 요구는 날이 갈수록 세분화, 개인화 되기 때문이다.

퓨전 경영은 이와 같은 변화에 대응, 외부의 기회를 놓치지 않으려는 기업의 전략이다. 1+1의 힘으로 기존에는 생각지 못했던 제품, 서비스 등을 함께 제공해 차별적인 경쟁력을 확보하는 데 초점을 두고 있다.

특히 이와 같은 움직임은 특별한 추가적인 연구개발 없이 현재의 기술이나 상품을 결합하는 아이디어만으로도 성공의 기회를 창출할 수 있다.

예를 들어 최근 소비자의 각광을 받고 있는 '브릿지(Bridge)' 상품은 그 좋은 예다. 원래 브릿지 상품의 개념은 기존의 기술과 새로운 신기술 제품 간의 다리 역할을 하는 상품이다. 따라서 많은 경우 브릿지 상품은 그 생명이 길지 못하며 더 나은 혁신 기술이 시장을 주도하게 되면 자연스레 시장에서 사라지는 경우가 대부분이다.

그러나 소비자들의 융합된 니즈가 중요해진 퓨전 시대에는 이같은 브릿지 상품이 오히려 더 큰 인기를 끌고 있다. 대표적인 예로는 DVD와 VCD의 대체기간에 나온 DVD 콤비와 같은 아이디어 상품을 들 수 있다.

많은 사람들이 알고 있듯이 DVD는 일반인들이 보는 VCD를 대체할 차세대 기술로 인정 받고 있다. 시장에서는 이미 VCD가 상당 부분 DVD로 대체되고 있는 상황이다. 초창기에 동네 비디오 대여 가게에서 조그만 진열장에 모습을 등장한 DVD가 어느새 전문 대여점이 생길 정도로 그 파급 효과가 커지고 있는 것이 지금의 현실이다.

주목할 점은 이와 같은 기술과 기술의 변천 단계에서는 많은 사람들이 하나의 기술을 선택함으로써 다른 기술이 주는 효익을 포기하는 경우가 빈번하게 발생할 수 있다는 말이다. 즉, DVD 플레이어를 구입함으로써 VCD 테이프를 빌려보지 못하게 되는 경우가 생기는 것이다.

이 경우 DVD 콤비는 하나의 제품으로 두 가지 기술을 동시에 구현해, 한 쪽을 선택함으로써 다른 한쪽을 포기하기를 원하지 않는 소비자의 니즈를 적절히 짚어 성공한 사례다.

특히, 과학 기술의 발달로 인해 기술 수명 주기가 갈수록 짧아지고 있어 기술과 기술 사이의 대체 현상이 더욱 빈번하게 나타나는 현대 경영 환경에서 퓨전을 통한 패러다임의 전환은 신기술로 빠르게 변하는 환경에 대응하는 가장 적절한 대응 행동 방식인 셈이다.

● 유형 Ⅲ : 미래 시장을 개척한다

세 번째 유형은 미래 시장의 개척을 위해서다. 현재의 시장에서 뿐만 아니라 앞으로 발전 가능성이 있는 분야에 대한 신시장 개척의 의미다. 미래 시장의 선점으로 자사의 역량을 강화할 뿐만 아니라 새로운 기회까지 동시에 잡으려는 의도다.

실제로 퓨전을 통해 나오는 분야는 기존의 것과는 전혀 다른 가치를 제공해 줄 수 있다. 통신 서비스 시장의 경우를 예로 들어 보자. 지금은 무선 전화 · 무선 데이터 등의 무선 분야와 유선 전화 · 유선 데이터 등의 유선 분야, 지상파, CATV, 위성방송 등의

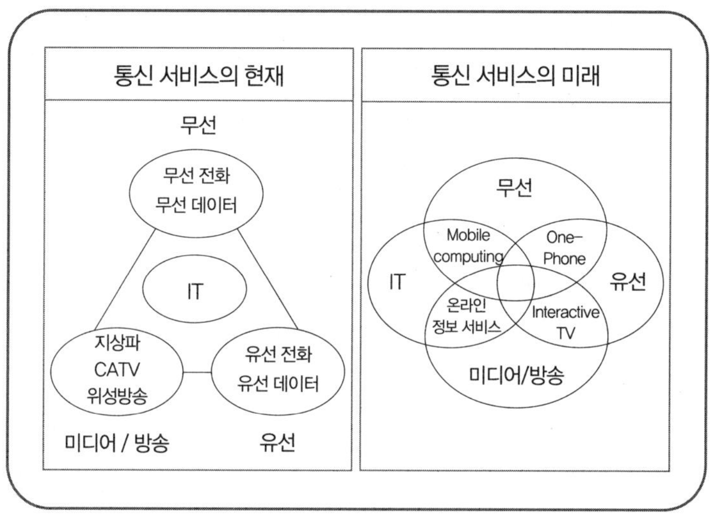

미디어 방송 그리고 IT 분야 등이 독립되어 존재한다.

그러나 통신 서비스의 미래의 모습을 보면 사정은 다르다(〈그림 3.3〉). 무선과 유선이 만나면 국내에서도 KT 등이 이미 전략적으로 추진하고 있는 원폰(One-Phone) 서비스가 가능해진다. 이는 하나의 전화기로 가정에서는 유선망을 통해 외부에서는 무선망을 통해 접속이 가능해 다양한 부가 서비스를 제공받는 통신 서비스의 형태다.

유선과 방송이 만나면 인터렉티브 TV가 가능해진다. 이른바 T-커머스라 불리는 미래의 TV를 통해 연예인이 입고 있는 상품을 즉시 구매하는 것과 같은 상호방송이 가능한 형태로 발전하는 것이다.

IT 기술과 방송이 만나면 방송 이외의 부가적인 서비스의 발굴이 가능해진다. 구체적으로 설명하면 온라인 정보 서비스 등과 같은 신규 서비스가 창출되어 일회성, 단방향 방송이 연속성, 양방향 방송으로 전환된다.

무선과 IT 기술의 만남은 휴대폰을 점점 진화시켜 일종의 소형 컴퓨터로 변모시키고 있다. 이미 미국 마이크로소프트의 사장인 빌 게이츠는 휴대폰이 열쇠, 신용카드, 개인 신분증, 현금, 메모장, 여권, 가족사진 등의 모든 기능을 대체할 미래의 지갑이 될 것으로 예견한 바 있다.

영역 파괴의 적극적인 아이디어만 있으면 미래 성장의 기회는 무궁무진할 수 있는 것이다.

퓨전 경영의
성공 포인트 5

현대의 경영환경은 너무나 급격히 변하고 있다.

전통과 첨단, 동양과 서양의 가치, 혁신적인 변화와

점진적인 변화 등과 같은 상호 이질적인 두 가지 이상의 가치들을

결합할 수 있는 지혜가 필요한 때다.

융합이란 의미의 퓨전 경영을 통해 서로 상이한 듯한

이질적인 가치를 모아 새로운 부가가치를 창출하는

21세기형 성공 전략을 알아본다.

고정관념 타파하기

《생존자》라는 책을 펴낸 미국의 한 심리학자는 마지막까지 살아남은 사람들의 특징을 연구해 학계의 큰 관심을 끌었다. 아이아코카, 처칠, 전쟁 포로, 난치병 환자 등과 같은 다양한 유형의 생존자들에 대한 수년간의 연구 끝에 그가 밝혀낸 생존 특성은 양면성, 유연성 그리고 공감 능력이라는 세 가지 특징이었다.

이 중 가장 흥미로운 부분은 바로 양면성이다. 생존자들의 성격은 때로는 긍정적이며 때로는 부정적이다. 독할 때는 독하게, 착할 때는 한없이 착한, 언뜻 보면 수긍하기 어려운 성격을 소유한 사람들이 많았다는 말이다. 이와는 대조적으로 삶을 극복하지 못하고 끝내 좌절하는 사람들은 대부분 한 가지 방식으로 생각하며 다른 사고방식을 염두에 두지 않는다고 한다.

'한 우물을 파라' 는 전략은 많은 시행 착오와 반복을 거쳐야만 가능한 일임에도 불구하고 다양한 시도와 열린 사고에 대해서는 지극히 폐쇄적인 태도를 취한 결과, 스스로 몰락의 길을 걷게 되

> **퓨전 경영의 성공 포인트 5**
> 1. 1+1 이상의 시너지를 창출하라
> 2. 제조업과 서비스업을 조화시켜라
> 3. 동 · 서양의 가치를 융합하라
> 4. 다기능 팀(Cross Functional Team)을 적극 활용하라
> 5. 실행 조직에도 퓨전을 도입하라

는 것이다.

기업의 현실도 이와 마찬가지다. 경영 일상은 이해하기 어렵고 예측 불가능한 일들로 가득 차 있다. 다양한 생각을 수용하며 계속해서 변화하지 않고서는 살아 남기 어렵다.

특히, 기업의 의사결정을 책임지는 최고경영자들이 고정관념에 사로잡히지 않아야 하는 것이 다른 무엇보다도 최우선으로 중요하다. 의사결정에 있어서 치명적인 오류는 기업의 운명과 직결되기 때문이다.

미래학자인 앨빈 토플러의 말을 빌리자면 "읽는 것, 보는 것을 전부 믿지 말아야 한다. 가장 중요한 것은 무엇에 대해서든 질문을 계속하는 것이다. 언제나 의문을 갖고 상식을 부정해 가는 것, 그것이야말로 오래도록 생존하는 비결"인 셈이다.

실제로 고정관념에서 벗어나 참신한 해결책으로 돌파구를 찾은 기업들이 어려운 사업 환경 속에서 더 큰 빛을 발하는 모습을 종종 볼 수 있다.

장기불황의 늪에 허덕이다 부활의 조짐을 보이고 있는 이웃나라 일본을 보자. 소비위축으로 물건이 팔리지 않는 일본에서 '돈

키호테'라는 할인점은 12년 연속 경상이익 갱신이라는 경이적인 신기록을 수립하고 있어 업계의 부러움을 한 몸에 받고 있다.

이름처럼 이 할인점의 경영관행은 기존의 경영 상식과는 거리가 멀다. 정글 진열이라는 방식으로 마치 남대문 보따리 장사처럼 많은 상품을 조그만 공간에 아무렇게나 널어놓는다. 자기가 원하는 제품이 눈에 띄지 않아 구매하기 어렵게 만드는 것이 오히려 고객의 호기심을 자극하는 요인이 된다고 한다. 최대한 눈에 잘 띄게 만들어 쉽게 구매를 유도하려는 기존의 발상과는 정반대의 생각이다.

85년 몰락상태의 아사히 맥주를 10년만에 일본 최고의 우량기업으로 성장시킨 히구치 사장 역시 '맛을 변화시키면 실패한다'는 고정관념을 깨고 수퍼드라이라는 신제품을 성공시켰다.

또한 미국의 델(Dell) 컴퓨터도 맞춤 서비스는 비싸다는 편견을 깨고 직접 판매 방식이라는 참신한 아이디어로 개인 맞춤 서비스를 대량 생산의 원가로 제공해, 불황에도 불구하고 지난 3년 간 산업 평균보다 20% 이상 성장, 99년 180억 달러였던 매출이 올해는 350억 달러를 넘어설 전망이다.

불확실성의 시대를 살아가는 오늘의 경영자들에게 가장 필요한 것은 이제 지우개다. 생각을 바꾸면 해결책이 보인다. 어제의 경영상식을 벗어나 새롭게 인식을 넓혀야 할 순간이다. 이제부터 퓨전 경영의 실행 포인트를 통해 기업이 오랜 동안 살아 남아 번영하기 위해 다시 한번 생각해 볼 수 있는 다섯 가지 고정관념의 타파 사례를 살펴보자.

퓨전 경영의 성공 포인트 5

1. 1+1 이상의 시너지 효과를 창출하라

퓨전 경영의 성공을 위한 노력은 퓨전을 단순한 복합물이라고 인식하는 틀을 깨는 것에서부터 시작할 수 있다. 1+1 이상의 추가적인 시너지를 얻을 수 있을 때까지 퓨전의 개념이 확장되어야 진정한 의미의 퓨전 경영이 완성되는 것이다.

1990년 대 중반 디즈니사는 애니메이션 「라이언 킹」으로 6억 달러 정도의 매표수익과 비디오 수익을 올렸다. 그러나 디즈니의 경우 이 정도의 수익은 총수익 창출의 시작에 불과했다(〈그림 4.1〉 참조).

디즈니사는 채널 다변화를 통해 직접 채널로는 Pay TV · 텔레비전 · 영화관 · 뮤지컬 등으로 진출했고, 간접 채널로는 Video · CD · DVD · Internet 등으로 판로를 넓혔다.

또한 상품을 다변화해 디즈니 상점을 통해 의류, 장난감/액세서리, 음료 사업으로 진출했으며 영화를 테마로 한 디즈니 테마 파크(놀이동산)로도 진출했다.

결국, 디즈니사는 150 종류가 넘는 「라이언 킹」 캐릭터 상품 (필통, 인형, T셔츠 등)을 제작했고, 사운드 트랙 음반을 출시했다. 뮤지컬로도 대성공을 거두었으며 디즈니랜드의 애니멀 킹덤이라는 테마 파크까지 건설, 총 30억 달러가 넘는 부가수익을 창출해 내기에 이른다. 디즈니사가 수익 사업으로 영화만을 생각했다면 결코 이루지 못할 정도의 대성공인 셈이다.

영화 산업을 좀 더 살펴보자. 특히, 퓨전 경영의 관점에서 바라보면 영화 산업 자체보다 인접사업으로의 진출에 의한 수익을

<그림 4.1> 디즈니사의 「라이언 킹」 사례

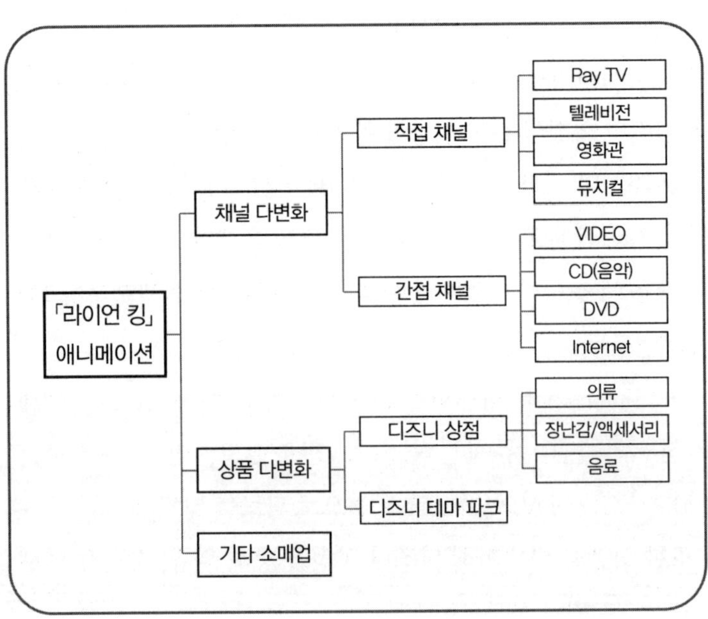

눈여겨볼 필요가 있다.

영화 상영관 수입에 비해 미미할 것으로 생각되었던 DVD 사업의 경우 예상을 뒤엎고 영화 산업의 주된 수익원으로 부상했다는 점에 주목해야 한다.

미국의 「뉴스위크」지에 의하면 지난해 할리우드 주요 영화사 DVD 매출액은 총 94억 달러로 전체 수익의 52%를 차지하는 등 DVD가 영화를 보는 방식을 완전히 바꾸고 있다고 한다. 97년 첫 선을 보인 DVD는 현재 미국에서 가구당 1년 평균 16개를 구입할 정도로 대중화된 것이다.

실제로 〈그림 4.2〉와 같이 영화 산업의 수익원의 측면에서도

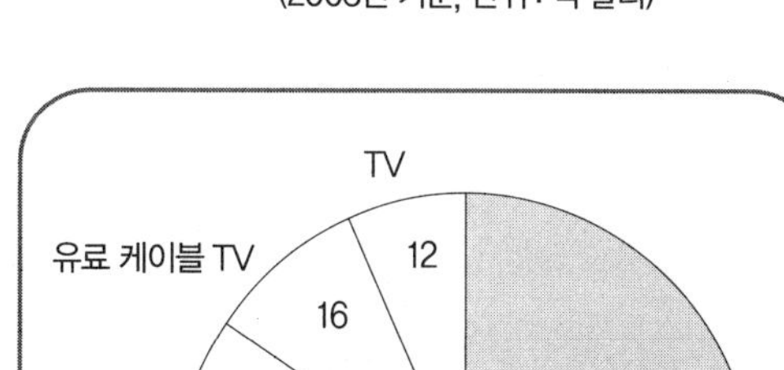

〈그림 4.2〉 헐리우드 영화 관련 수익구조
(2003년 기준, 단위 : 억 달러)

비디오가 서서히 퇴색하고 DVD가 본격적으로 자리잡고 있음을 알 수 있다. 애니메이션 「니모를 찾아서(Finding Nemo)」는 개봉관에서 6,000만 달러의 수익을 올렸지만 DVD 판매는 무려 7배에 가까운 4억 달러를 벌어들였으니 영화 산업 자체를 변화시킬 힘을 바로 DVD라는 인접사업에서 찾은 셈이다.

개봉관 수익은 매년 정체되고 있으며 2001년 이후 오히려 DVD 매출액에 추월당해 2003년의 경우 거의 두 배에 가까운 매출 구조를 보이고 있다는 점에서, DVD 산업의 약진은 영화 산업의 시너지 효과를 잘 보여주는 대목이다(〈그림 4.3〉 참조).

나이키 역시 타이거 우즈를 통해 운동화 사업을 확장해 1+1 이

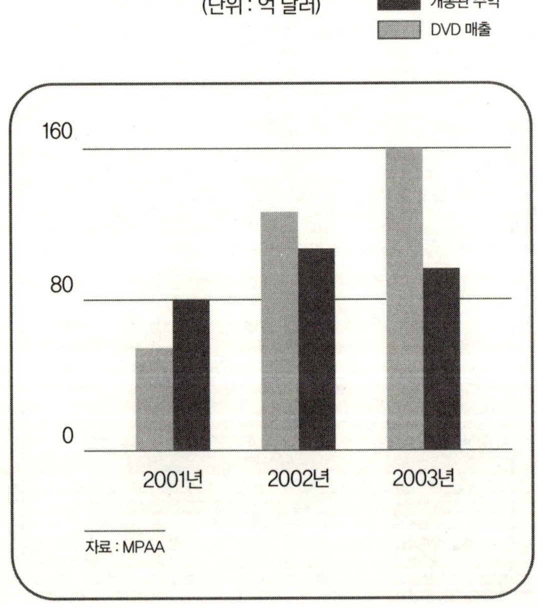

〈그림 4.3〉 개봉 수익을 초과한 DVD 매출 수익
(단위 : 억 달러)

상의 시너지를 추구한 경우이다. 1996년 나이키는 타이거 우즈와 1억 달러에 달하는 CF 계약을 맺었고, 그 후 타이거 우즈의 브랜드를 붙인 골프 의류로 사업을 시작한다. 이후 액세서리 제품라인을 추가했고 그로부터 3년 후 나이키는 또다시 같은 브랜드로 골프공을 판매하기 시작했으며, 곧이어 타이거 우즈의 브랜드가 붙은 골프채를 출시했다. 더 나아가 이 제품을 판매하는 지역을 넓혀 미국뿐만 아니라 전 세계에 판매하기 시작했다.

이와 같은 일련의 영역 확장 덕분에 나이키는 1990년 22%에 불과하던 운동화 분야의 전세계 시장점유율을 2002년 들어 38%까지 끌어올리며 압도적인 선두주자의 위치에 서게 되었다. 이는 나이키의 사업영역을 의류나 운동화에 국한시킨 전략으로는 결코 달성이 불가능해 보였던 성과다.

2. 제조업과 서비스업을 조화시켜라

기업의 움직임은 민첩하다. 그들이 민첩하게 움직이는 이유는 간단하다. 살아 남기 위해서, 더 많은 돈을 만들어 내기 위해서이다.

한때 우리가 일본 따라잡기에 열을 올린 이유도 여기에 있었다. 특유의 재고 시스템(JIT), 뛰어난 품질(TQM) 등과 같은 일본식 경영 기법을 본받으려는 이유도 있었겠지만 그보다 더 근본적인 이유는 일본이라는 나라가 실제로 제조업이라는 분야에서 많은 돈을 벌고 있었기 때문이었다.

2000년대에 들어오면서 그 명암이 더욱 뚜렷해지는 것은 제조업과 서비스업의 수익성 차이다. 제조업의 낮은 부가가치 활동은 산업이 선진화될수록 점점 더 설 땅을 잃어가고 있다.

경제가 선진화되고 소득 수준이 높아진 서구 선진국의 경우 이미 서비스 산업의 비중이 3분의 2 이상을 차지하고 있으며, 국내의 경우도 전체 140개 제조업종 가운데 65.7%인 92개 업종에서 임금 상승분이 생산성 증가분을 초과, 제조업에 대한 매력이 점점 더 사라지고 있는 것이 현실이다.

그렇다면 서구 선진 기업들은 이와 같은 제조업 패러다임의 변천을 어떻게 극복해 나가고 있을까?

그 해답은 바로 제조업과 서비스업의 퓨전이다.

미국에서 가장 존경받는 기업 중의 하나인 GE는 1981년 이래 꾸준하게 제조업에서 서비스업으로의 전환을 시도중이다. 1980년 서비스업의 비중은 전체 매출의 25% 선에 그쳤지만 그로부터 10년 후인 1990년 매출액에서 서비스업의 비중은 45%까지 늘어났다. 2000년에는 서비스의 비중이 75%까지 늘어나 GE는 명실상부한 서비스 기업으로 새롭게 탄생하게 된 것이다 (〈그림 4.4〉 참조).

GE 의료기기 사업부인 'GE 메디칼시스템' 의 예를 들어보자. 회사가 어려운 상황에서 부임했던 CEO, 존 트레이니가 새로운 돌파구를 찾기 위해 제일 먼저 한 일은 서비스업을 통해 고객중심 사고로 전환하는 작업이었다.

　서비스 활동을 단순히 상품의 판매를 성사시키기 위해 고객에게 제공해야만 하는 필요악이 아니라 미래의 수익 창출원으로 재인식하는 작업을 시작한 것이다. 그 결과 탄생한 사업 영역이 제품의 판매를 의료기기의 유지 및 보수와 같은 서비스와 연동시키는 시장이다.

　1992년에는 고가 정밀기기 부문 침체라는 위기상황에서 오히려 자사의 의료장비 뿐 아니라 타사 제품까지를 포함하는 복합 서비스 시장으로 퓨전을 가속, 시장의 크기를 오히려 3배 이상 확장시키는 성공을 거두게 된다.

〈그림 4.4〉 GE 사의 제조업과 서비스업의 비중

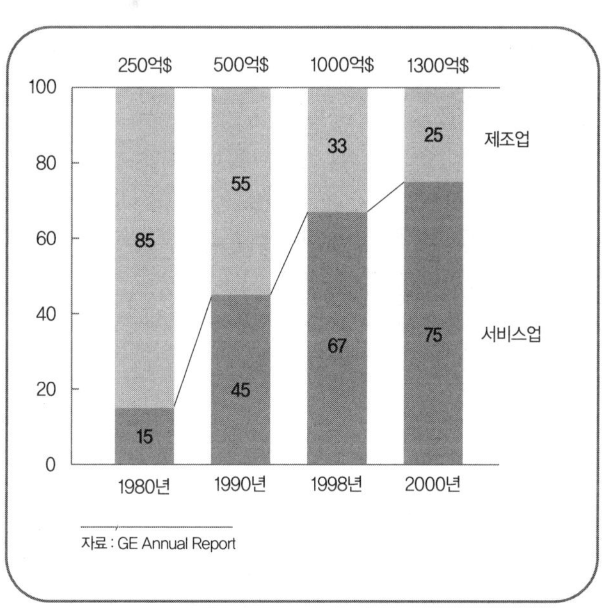

1997년 말까지 GE 메디칼시스템은 미국 시장에서 총매출의 40%를 서비스 부문에서 벌어들였으며, 이 가운데 25%는 자사 제품이 아닌 타사 제품에 대한 서비스 매출이었다. 이 부문은 연간 성장률이 20%를 초과하는 그야말로 '대박' 상품이 되었던 것이다.

우리가 생각하는 GM 역시 대표적인 굴뚝 기업이다. 자동차 산업을 전형적인 제조업으로 평가하고 있기 때문이다. 그러나 선진 기업의 경우 자동차 산업은 더 이상 노동집약적인 굴뚝 기업의 모습이 아니다. IT 기술과의 융합으로 지식, 서비스업체로 거듭나고 있는 것이다.

요즘 새롭게 부각되고 있는 텔레메틱스(Telematics)를 보면 이와 같은 제조업의 진화 방향을 뚜렷이 볼 수 있다. 텔레메틱스는 이른바 20세기 자동차 기술과 21세기 이동통신 기술이 결합한 일종의 '퓨전(Fusion) 서비스'로 90년대 중반부터 미국과 일본 등 자동차 선진국에서 개발이 시작됐다.

텔레메틱스의 의미는 통신(telecommunication)과 정보과학(Informatics)을 합친 말로

텔레메틱스 (Telematics)

자동차와 무선통신을 결합한 새로운 개념의 차량 무선 인터넷 서비스를 말한다. 통신을 뜻하는 텔레커뮤니케이션(Telecommunication)과 정보과학을 뜻하는 인포메틱스(Informatics)의 합성어다. 자동차 안에서 이메일을 주고받고, 인터넷을 통해 각종 정보도 검색할 수 있는 오토(auto) PC를 이용한다는 점에서 '오토모티브 텔레메틱스' 라고도 부른다.

무선 네트워크를 통해 운전자에게 운전은 물론 생활에 필요한 다양한 정보와 서비스를 실시간으로 제공하는 시스템으로 보면 된다. 이를 통해 교통정보, 지리 위치정보, 긴급 구난 등의 최첨단 서비스를 가능케 하는 것이다.

이들 분야가 주목을 받는 이유는 무엇일까?

가장 큰 이유는 자동차 산업의 성장 한계를 극복할 수 있기 때문이다. 컨설팅 회사인 베인앤컴퍼니의 분석에 따르면 텔레메틱스와 관련된 시장 규모는 2010년까지 연평균 30% 내외의 고성장세를 보이면서 380억 달러 규모에 이를 것이라고 한다.

전 세계 자동차 시장이 1990년대 들어 연평균 3% 이내의 저성

〈그림 4.5〉 자동차 산업 vs 텔레메틱스 산업

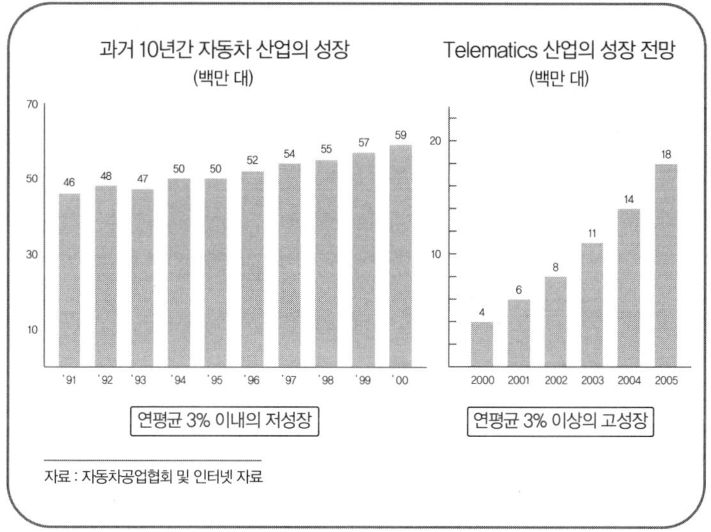

장을 유지했으며, 1998년 이후에는 성장 속도가 1.5%를 넘지 못할 정도로 수요 정체기에 접어들었다는 점을 감안할 때 놀라운 성장률이다(〈그림 4.5〉 참조).

GM이 텔레메틱스 사업을 시작하게 된 것도 새로운 성장 가능성 때문이다. 90년대 들어 미국 제조업계가 일본에 밀리기 시작하면서 구조조정의 한 방안으로 기존 자동차 사업의 한계를 극복하고 새롭게 부가가치를 창출할 수 있는 방안이 무엇인지를 모색한 결과 탄생한 것이 '온스타(OnStar)' 서비스다.

온스타라는 서비스는 통신 기술과의 융합을 시도해 자동차의 개념을 단순히 '탈 것'에서 '움직이는 멀티미디어 공간'으로 변화시키려는 GM의 야심찬 계획이다. 이와 같은 퓨전 경영으로 제조업의 한계를 극복하고자 하는 GM의 노력은 확고한 것으로 지난 5년간 투자한 액수만도 16억 달러가 넘는다고 한다.

경쟁업체들도 텔레메틱스에 발빠르게 대응하고 있다. 포드자동차는 윙케스트(Wingcast)와 어시스트(Assist), 다임러크라이슬러는 텔레에이드(TeleAid), 도요타는 모넷(MoNet), 푸조-시트로엥은 와피(Wappi!) 등과 같은 서비스를 통해 입지를 구축 중이다(〈표 4.1〉 참조).

국내 업체들도 대우자동차가 KTF와 공동으로 드림넷 서비스를 시작, 100대 이상의 단말기(대당 110만 원 수준)가 팔려나갔다. 현대자동차 역시 ITS(Intelligence Transportation Service)라는 서비스를 통해 스스로 판단하는 자동차를 만들어가는 중이다.

〈표 4.1〉 주요 자동차 업체의 텔레메틱스 서비스 제공 현황

자동차 업체	서비스	서비스 주요 내용
GM, Acura	OnStar (GM 서비스)	도난 차량 추적, 응급 서비스, 원격 제어, 경로 안내, 차량 상태 관리 서비스
Audi	Audi Telematics (자체 서비스)	네비게이션, 교통 정보, 응급 서비스
Ford	Rescue(ATX 제공) Wingcast(자체)	100개 채널의 위성 라디오 방송(Sirius Satellite Radio) 원격 진단, 도난 차량 추적
Infiniti	Communicator (ATX 제공)	주변 정보 서비스, 도난 차량 추적, 원격 제어
Jaguar	Assist(ATX 제공)	응급 서비스, 도난 차량 추적
Mazda	Mazda Telematics (자체 서비스)	i-mode 접속, 네비게이션
Toyota	MONET(자체 서비스)	교통 정보, 지리 정보, 뉴스
Mercedes	Tele-Aid(ATX 제공)	주변 정보, 자동차 관련 정보, 제한된 경로 안내
Volvo	NavTech	전자지도, 네비게이션, 위치 기반 정보

자료 : Telematics Seminar 2002, KETI

GM의 경우 여기에 덧붙여 자동차와 연관된 금융 서비스, 보험, 정비 등과 같은 서비스업에서도 기회를 모색, 자동차 파이낸싱 부분의 매출이 어느 새 전체 차량 판매 매출의 11% 이상을 차지하게 된다. 우리 나라 자동차 회사들의 자동차 할부 금융의 매출액이 전체 매출액의 대략 1% 정도에 그친다는 현실을 볼 때 이는 놀라운 수치다.

이상의 사례에서 알 수 있듯이 GM과 같은 선진기업은 자동차 산업을 단순한 조립 판매에 국한시키지 않고 차량 판매를 통해

확보한 대규모 고객과의 접점을 활용해 새로운 부가가치 창출의
기회로 활용하고 있었다. 굴뚝 기업의 성장 한계를 극복할 수 있
는 돌파구를 바로 퓨전 경영에서 찾은 셈이다.

GE나 GM의 사례에서 특히 간과하지 말아야 할 것은, 제조업
과 서비스업의 퓨전 경영을 위한 핵심 성공 요인은 바로 '고객중
심' 사고로의 전환이라는 점이다.

실제로 오늘날 많은 산업에서 생산에 기반한 제품 판매는 전체
수익의 일부분에 지나지 않는다. 한 연구에 의하면 개인용 컴퓨
터의 원가는 하드웨어 부분이 20%이고 기술 지원, 관리와 같은
소프트웨어 부분이 80%를 차지하며 제트 여객기의 코스트도 하
드웨어가 20%, 소프트웨어가 80%라고 한다.

제품만을 고집하지 않는다면 아직 엄청난 부가가치의 기회가
우리 앞에 놓여 있는 셈이다.

'위기는 곧 기회' 라는 말이 있다.

지혜로운 기업은 어려운 시기를 오히려 도약의 발판으로 활용
한다. IBM과 같은 하드웨어 업체가 서비스 업체로 변하기 시작
한 계기가 된 것도 개인용 컴퓨터의 급속한 가격 하락에 대응하
지 못해 기업이 위기에 빠졌을 때이다.

GE가 서비스업으로 변신한 것도 1980년부터 계속된 구조조
정의 결과였다.

변화는 분명 어려운 일이다. 그러나 기업들은 제조 이외의 분
야에서 창출할 수 있는 기회를 무시해서는 안 된다. 미래의 경영
환경을 예측하지 못하고 제조업 위주의 패러다임에만 집착한다
면 앞으로의 10년은 과거의 10년보다 더 어려운 시련에 부딪치
게 될 것이기 때문이다. 제조업의 시련을 이겨내는 힘, 그것은
바로 '퓨전' 을 통해 고객에게 한 걸음 더 다가가는 것에서 찾을
수 있을 것이다.

3. 동·서양의 가치를 융합하라

퓨전 경영은 경영 이념에도 적용될 수 있다. 동양과 서양의 가
치를 적절히 조화해 적자에 허덕이던 기업이 곤경에서 벗어난

닛산의 경우가 좋은 사례라 할 수 있다.

1986년 닛산은 유럽 최초로 영국 북동부 선더랜드에 생산 라인을 설치해 자동차를 생산했다. 일본 경영자들이 채용한 영국 생산 직원들은 일본에서 적용되는 원칙에 따라 근무했는데, 5년이 지나면서 생산 기술상의 격차가 나타나기 시작했다. 그 곳에서 일하는 노동자들은 영국의 다른 자동차 공장에 비해 매년 두 배 이상의 생산 실적을 올렸던 것이다.

이는 일본식 품질관리 시스템과 재고관리 시스템을 유럽의 높은 노동력과 결합시킨 이른바 동·서양의 퓨전이 잘 드러나는 대목이다. 국수주의자로 유명했던 대처마저도 이 공적을 인정, 닛산의 다카시 이시하라 회장에게 감사의 뜻으로 명예기사 작위를 수여했을 정도니 말이다.

15년이 지난 지금, 비슷한 현상이 이제는 일본에서 일어나고 있다. 장기 침체에서 여전히 벗어나지 못하고 있는 일본 자동차의 간판 기업인 닛산을 유럽 기업인 르노가 지분의 36%를 인수하고 카를로스 곤을 CEO의 자리에 앉힌 것이다.

카를로스 곤은 'NRP(Nissan Revival Plan)'라는 전사적 구조조정 계획으로 일본 내 완성차 공장 3곳과 부품공장 2곳을 폐쇄하였으며, 부품거래업체 수도 반으로 줄여 구매비용을 10% 이상 개선했다. 그 결과 닛산의 생산능력은 30% 가량 축소됐지만 공장의 생산효율은 제고되고 비용 절감분을 부채상환에 투입

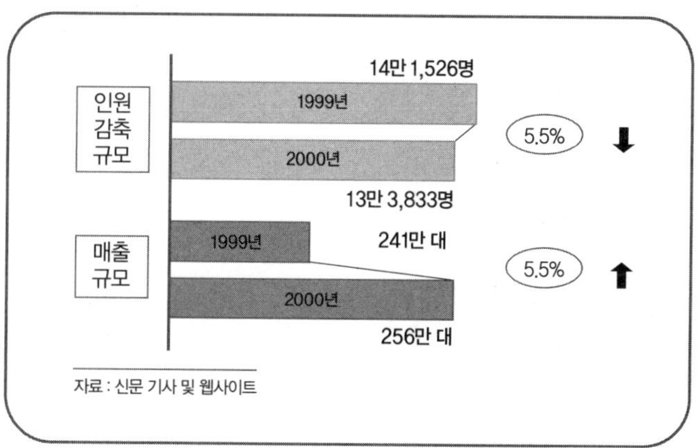

할 수 있게 돼 재무구조가 크게 개선되었다.

결국 3개년 계획으로 시행된 NRP는 시행 1년 만에 닛산의 경영을 적자에서 흑자 기업으로 전환시켰다.

그러나 닛산의 경우는 '무더기 감원과 감산' 과 같은 서구식의 구조조정의 모습은 아니었다. 인원 감축의 경우 1999년에 14만 1,526명에서 13만 3,833명으로 5.5%로 소폭 줄어든 데 그쳤지만, 매출 규모는 오히려 늘었음을 알 수 있다. 1999년과 2000년의 경영실적을 보면 자동차 판매대수는 99년 241만 대에서 2000년 256만 대로 매출액도 99년 6,843억 엔 적자에서 2000년 3,310억 엔 흑자로 단숨에 전환되었다(〈그림 4.6〉 참조).

최근에는 오히려 적극적인 공격 경영으로 2004년까지 차량의 판매대수를 100만 대 이상 증가시켜 세계 시장점유율을 6.1%

이상으로 높인다는 경영 전략을 발표할 정도다.

이상의 사례가 보여주듯이 닛산의 경우는 어려울 때 '무조건 감원과 감산'이라는 서구적 구조조정이 아닌, 그렇다고 인정에 사로잡혀 함께 침몰하는 아시아적 경영도 아닌 제3의 퓨전 경영을 이끌어 내고 있다.

바로 경영 이념의 '스마트 블렌딩(Smart Blending)'을 통해 동양과 서양의 장점을 적절히 융합, 새로운 기업 문화를 창출해 내고 있는 것이다.

4. 다기능 팀(Cross Functional Team)을 적극 활용하라

여러 기술이 융합된 제품 수요에 대응하고 개발 기간을 단축하기 위해서는 그에 맞는 조직과 인력의 융합도 필수적이다.

다기능 팀(Cross Functional Team)은 사업 부서 간의 경계를 뛰어넘어 우수한 인력을 선발해서 특정한 프로젝트를 추진하거나 신제품의 개발을 맡기는 새로운 경영 조류다.

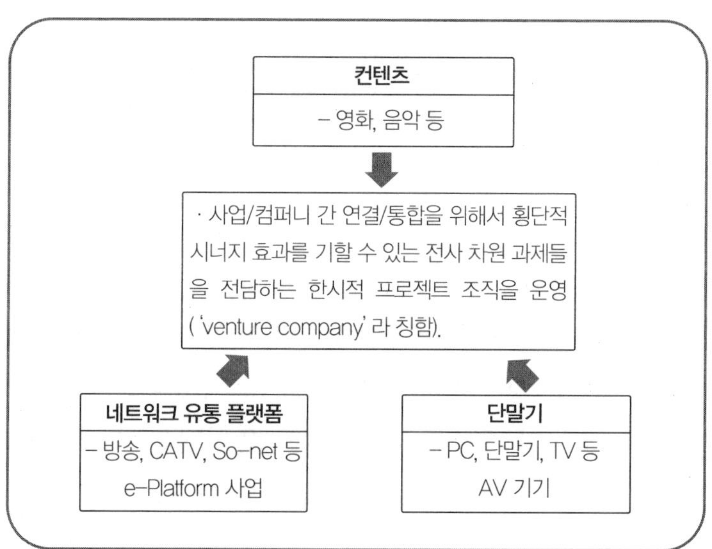

90년대 초반까지만 해도 가전업체에 불구했던 소니가 인터넷 기업으로 변신할 수 있었던 계기가 되었던 것도 AV와 IT의 통합이라는 미래 트렌드를 앞당길 수 있는 솔루션을 만들기 위해 VAIO(Video Audio Integrated Operation) 다기능 팀을 활용한 덕분이었다.

〈그림 4.7〉와 같이 97년 12월 이데이 소니 사장의 지시로 발족한 이 다기능 팀은 2년 간 기한을 정하고 각 컴퍼니에서 30명의 인력을 차출, '연결한다'는 개념에 초점을 두고 소니의 AV 기기들을 연구하기 시작했다.

이 협업팀은 벤처 컴퍼니(Venture Company)라는 이름으로 소니의 사업/컴퍼니 간 연결과 통합을 위해 횡단적 시너지 효과를 기하는 전사 차원 과제들을 전담하는 한시적 프로젝트 조직을 운영한다. 이를 통해 영화, 음악과 같은 컨텐츠 사업과 방송, 케이블 TV 등과 같은 네트워크 유통 플랫폼 및 PC, 게임기, AV 기기 등과 같은 단말기를 한데 엮어 '서로 연결한다'는 소니의 철학을 완성시킨 것이다.

그 결과 탄생한 것이 오늘날 막대한 수입을 안겨주고 있는 '메모리 스틱'이다. 메모리 스틱은 소니의 노트북 컴퓨터와 캠코더, 디지털 카메라 등과 같은 영상기기를 자유롭게 연결시켜 쉽게 편집이 가능케 하는 데 결정적인 기여를 하게 되었다. 소니의 다기능 팀은 임무를 성공적으로 완수한 후 99년 12월에 해체되었으며, 현재 약 24개 제품 이상에 메모리 스틱이 쓰이고 있다.

국내의 종합 식품ㆍ유통업체인 CJ도 이와 비슷한 협업팀을 가동해 미래 비즈니스 기회를 발굴하는 데 적극 활용하고 있다. '뉴 카테고리'라는 신제품 개발팀을 활용해 지금까지 세상에 없었던 완전히 새로운 상품을 만드는 창의적인 지식기반 조직을 운용하고 있는 것이다. 이를 통해 이 팀은 기능성 피트니스 음료와 골프 음료와 같은 시장에 없던 신제품을 잇달아 출시하는 성과를 거두었다고 한다. 이 팀이 치열한 경쟁 속에서 주도권을 쥐고 신상품을 끊임없이 내놓을 수 있었던 가장 큰 이유는 브랜드 매니저를 주축으로 구매 → 생산 → 마케팅에 이르는 모든 과정의 실무자들이 정기적으로 모여 한 제품의 성공을 위해 최적의 업무방식을 도출하는 협업과정이 있었기 때문이다.

심지어 이 회사의 경우, 이와 같은 다기능 팀 내에서는 호칭까지 없앨 정도라고 하니 그 협업의 강도를 가히 짐작할 만하다. 임·직원 간에도 서열상 직책으로 'ㅇㅇㅇ 과장', 'ㅇㅇㅇ 부장', 'ㅇㅇㅇ 전무' 등의 호칭을 부르는 것이 아니라 'ㅇㅇㅇ 님'으로 호칭을 통일해 부서와 직책 간의 벽마저 허물어 협업의 질을 최대한으로 높여 보려는 시도인 것이다.

5. 실행 조직에도 퓨전을 도입하라

'조직은 전략을 따른다.' 유명한 경영학자인 챈들러가 한 말이다. 퓨전을 통해 두 가지 이상의 상반된 가치를 동시에 추구하려면 필연적으로 조직의 문제가 따르기 마련이다.

조직의 문제는 근본적으로 정합성(Align)의 문제다. 환경 혹은 그에 상응한 전략의 변화에 대응해 조직이 얼마나 정합성 있게 이를 뒷받침하느냐의 문제인 것이다. 정합성은 전략과 경영자의 리더십, 사업의 성공 요소, 인적 자원, 조직·보상 같은 기업의 모든 활동이 유기적으로 결합되어 있어야 한다는 말이다.

조직이 나이가 들고 사이즈가 커져감에 따라 관성(Inertia)이라는 구조적·문화적 장벽이 커져가는데, 실패하는 기업들이 이를 넘지 못하고 결국 도태당하는 이유도 결국은 이와 같은 정합성이 어긋났기 때문이다.

특히 한 기업이 과거의 성공에 머물러 안주하지 않고 지속적인 성장을 하기 위해서는 기존 사업의 성공 뿐만 아니라, 새로운 사업을 발굴해야 하는 일은 필수적임을 감안할 때 기존 사업과 신규 사업의 조화는 기업에 있어 매우 중요한 요소다.

예를 들어 경쟁의 강도도 약하고 추가적인 투자도 필요가 없어 기존의 사업만 잘 관리해서 최대한 금전적인 수익 창출(milk-out)만을 하면 되는 성숙기 사업과 막대한 금전적인 투자와 더불어 구성원의 창의적인 아이디어가 생명인 신규 사업이 한 기업 내에 공존하고 있다면 이들 조직 간의 규범, 가치, 보상 등은 서로가 판이하게 달라야 할 것이라는 말이다.

이러한 경우에, 조직은 각각의 특성에 따라 복수의 전략·구조·문화 등을 제대로 유지할 수 있어야 하는데, 이것이 바로 양면성 조직(Ambi-dextrous Organization)이다.

양면성 조직이 되기 위해서는 과거에 성공을 가져다 주었던 조직의 정합성에 안주하기보다 하나의 사업부(Business Unit)에 복수의 정합성을 허용하여, 한 기업 내에서 급진적인 변화와 점

> **양면성 조직 (Ambi-dextrous Organization)**
>
> 미국의 저명한 경영학자인 Tushman과 O'Reilly 교수가 제안한 개념이다. 한 기업 내에서 성숙기의 사업과 초창기 사업을 동시에 영위하는 것처럼, 일반적으로 기업은 상이한 전략이나 문화를 요구하는 다양한 사업을 보유하고 있다. 양면성 조직은 이처럼 급진적·점진적 혁신을 동시에 필요한 다양한 사업의 요구를 동시에 수행할 수 있는 조직을 말한다.

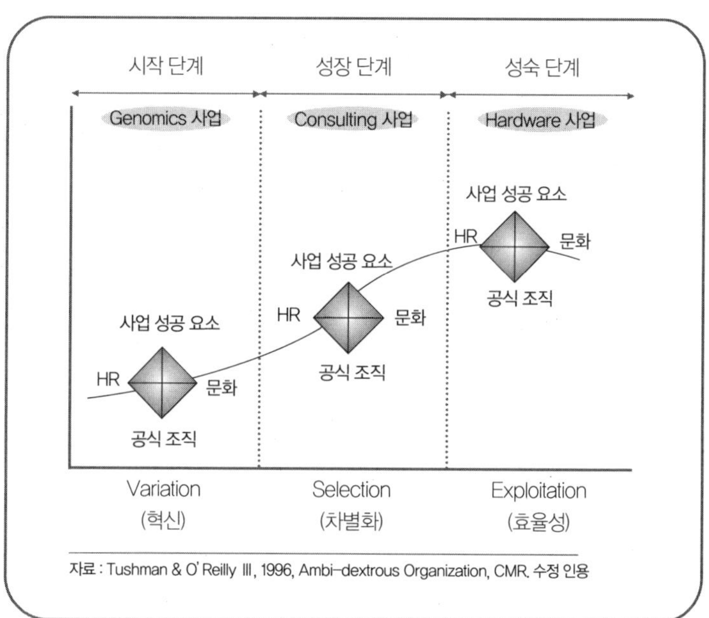

진적인 변화를 동시에 추구할 수 있어야 한다. 이 같은 변화는 특히 시장 판도를 뒤집을 혁신 기술(Disruptive Technology)일 경우 기존 사업과 다른 전략·문화를 필요로 함을 알 수 있다.

예를 들어, 〈그림 4.8〉을 보면 IBM의 경우도 시작 단계의 사업인 지노믹스(Genomics), 성장 단계의 사업인 컨설팅 서비스, 성숙 단계 사업인 하드웨어 사업이 한 기업 내에서 공존하고 있음을 알 수 있다.

이들 각각의 사업들은 산업/기술 사이클 상 다른 위치에 있어 각각 상이한 조직적인 대응을 요구하게 된다. 이미 성숙 단계에 진입한 PC 사업에 대해서는 운영의 효율성을 강조하는 반면, 새롭게 성장하는 지노믹스 사업의 경우에는 실수를 용납하고 최대한 창의적인 조직이 될 수 있게 인사, 보상, 문화 등을 갖추는 것이다. 즉, 개별 조직들은 사업의 수명주기가 서로 다른 만큼 서로 상이한 사업 성공 요소, HR, 공식조직(보상, 통제), 문화 등이 정합성을 이루어야 한다는 말이다.

실제로 IBM의 경우는 이와 같은 조직 변화를 위해 양면성 조직을 성공적으로 수행해 기존 사업과 신규 사업의 원활한 세대교체를 진행중이다. 이를 통해 과거의 하드웨어의 제조업체에서 컨설팅 기반의 서비스업으로 변신, 2000년 기준 매출액의 43%를 솔루션 관련 사업에서 획득하고 있다.

영역 파괴 시대의 경영전략

어제의 경쟁자가 더 이상 오늘의 경쟁자가 될 수는 없다.

산업 · 영역 간의 파괴로

기업 간의 경계가 더욱 모호해지고 있기 때문이다.

동종업체에 국한한 근시안적 경쟁에서 벗어나

경쟁 상대를 새롭게 설정할 지혜가 필요한 때다.

선진 기업들의 사례를 바탕으로

영역 파괴 현상에 대응하는 기업 전략을 살펴본다.

어제의 경쟁자는 더 이상
오늘의 경쟁자가 아니다

요즘은 우리의 경쟁 상대가 누구인지를 아는 것도 어려운 일이다. 퓨전을 통한 산업·영역 간의 파괴가 가속화되어 기존 기업 간의 경계는 더 이상 의미가 없어지고 있기 때문이다.

기술 간의 동반 발전, 여러 기능을 혼합한 다기능 제품, 토탈 솔루션을 지향하는 복합 서비스 등의 등장은 이와 같은 영역 파괴 현상을 더욱 가속화시키고 있다. 이에 따라 경쟁 대상이 이종 업체로까지 확대돼 아군과 적군을 구분할 수 없을 정도로 복잡한 무한경쟁의 시대가 열리고 있다.

프린터 시장으로 진출, HP와 새로운 경쟁상대가 된 델(Dell) 컴퓨터나 중고차 판매와 소매 금융업으로 진출해 관련 업계를 긴장시키고 있는 월마트 역시 모두 영역 파괴 현상의 산물로 생각할 수 있다.

이와 같은 영역 파괴 현상이 두드러지는 것은 새로운 경쟁자의 등장으로 신용결제 시장에서 독보적 지위를 누려 왔던 위치가 흔들리고 있는 신용카드 업계다. 과거에는 동종 카드사와의 경쟁에만 신경을 쏟았다면 이제는 휴대폰 업계가 잠재적 경쟁자로 등장한 셈이다.

생각해 보라. 먼 미래에 휴대폰을 통한 결제 시스템이 표준화가 될 경우 가장 큰 타격을 받을 기업은 어디이겠는가? 바로 기존의 신용카드 업체다. 그 동안 신용결제 시장에서 독보적 지위를 누려왔던 신용카드 업체들의 안방이 무너지게 되는 것이다.

〈그림 5.1〉에서 알 수 있듯이 휴대폰 소액 결제 서비스 시장 규모는 도입 첫해인 2000년도에 50억 원에 불과했던 규모가

〈그림 5.1〉 휴대폰 소액 결제 시장 규모
(단위 : 억 원)

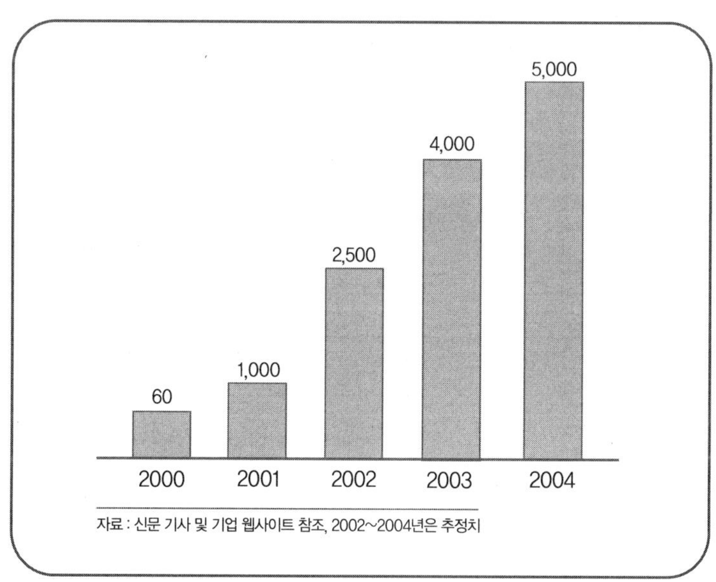

2002년에는 2,000억 원대로 커졌고, 2004년에는 4,000억 원대로 급증할 것으로 전망되고 있다. SK텔레콤의 네모 서비스는 1년만에 이용 고객이 250만 명을 돌파할 정도다.

더 큰 문제는 은행의 입장에서 보면 이동통신 서비스 업체들에게 모바일 뱅킹 시장을 내어 줄 경우 향후 은행은 단순한 정보제공자나 업무 처리 기관으로 전락할 수도 있다는 점이다.

이는 고객이 어떤 자금을 결제하고, 그 규모는 얼마나 되는지와 같은 고객정보의 상실을 의미한다. 고객 접점의 상실로 마케팅에 필요한 기본적인 정보마저 구하기 어려운 때가 올 수도 있는 것이다.

기업 메모리가 발빠른 대응을 방해

영역 파괴 현상이 진행됨에도 불구하고 기업의 대응 행동은 이에 못미치는 경우가 많다. 시장에 이미 진입해 있는 기성 업체들의 입장에서 보면 새로운 경쟁자들이란 하찮은 존재로 보이기 마련이다.

K마트는 월마트를 여러 해 동안 시골에만 있는 조그만 업체라고 생각하고 있었으며, 네슬레, 제너럴푸즈와 같은 업체들 역시 스타벅스가 가진 고급 커피 시장의 위력을 알아차리지 못했다. 회사의 실적이 곤두박질치고 시장점유율이 급격히 하락하는 것과 같이 구체적인 수치가 드러난 후에야 허둥지둥 대책을 강구하는 것이다.

카메라폰과 디지털 카메라의 경쟁 역시 별다른 대응 없이 이미 카메라폰이 300만 화소 이하의 저가 디지털 카메라 시장의 상당 부분을 잠식하게 되었다. 세계 카메라폰 시장은 2001년 400만 대에서 2002년 1,800만 대, 2003년 6,500만 대 등으로 급속히

〈그림 5.2〉 카메라폰 및 디지털 카메라의 세계시장 규모 추이
(단위 : 만 대)

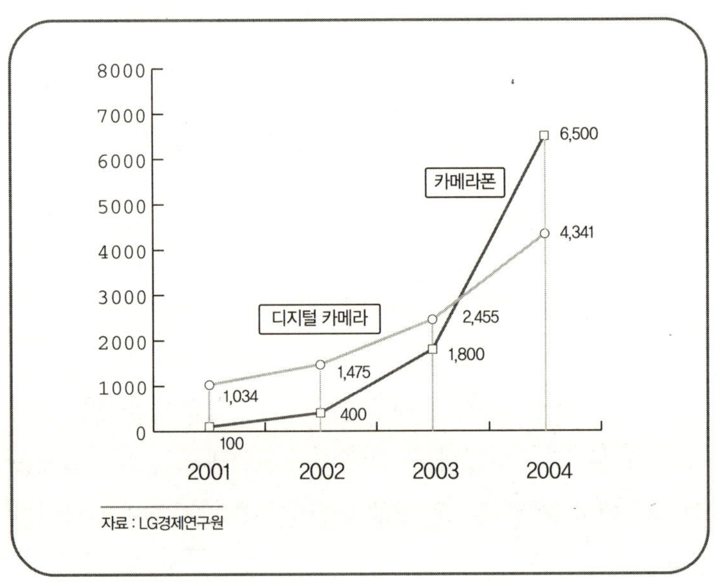

확대되어 2004년 들어서는 디지털 카메라의 판매량을 능가하는 수준이다(〈그림 5.2〉참조).

향후에도 광학줌에 300만 화소 이상의 고성능 카메라폰과 같이 카메라폰이 카메라 본연의 기능을 훌륭히 수행할 만큼 기본 성능을 갖출 경우, 다수의 일반 소비자들은 항시 휴대할 수 있고 다양한 부가 서비스를 제공하는 휴대폰의 매력에 더욱 끌릴 것은 당연한 이치다.

그렇다면 무엇이 기업으로 하여금 이와 같은 변화를 바라보지

못하게 만드는 것인가. 지난 수십 년 간 기업의 부침을 유심히 살펴보면 다음과 같은 네 가지 결론에 도달할 수 있다.

●이미 성공한 기업들은 전략적 혁신에 둔감하다.

뛰어난 실적을 자랑하며, CEO가 유력 경영 잡지의 표지모델로 등장하고, 성공을 자축하기 위한 기념물이나 출판물로 스스로를 자랑할 때, 새로운 진입자나 틈새 공략자들은 환경 변화에 기민하게 대응하며 새로운 경쟁 우위 요소를 빠르게 획득해 나간다.

●기존의 역량이 파괴될 수 있다는 위험 때문이다.

기업이 이미 지속적으로 수익을 창출하고 있는데 굳이 내가 가지고 있는 것을 바꾸거나 위태롭게 할 이유가 없다고 생각한다.

●승자가 될 수 있다는 확신이 없기 때문이다.

설령 어렵게 새로운 전략적 포지션을 만들어 내길 원한다고 하더라도, 그것이 성장하여 승자가 될 것인지를 알 수가 없다고 여긴다.

●변화의 과정을 컨트롤할 수 있어야 하기 때문이다.

새로운 포지션으로 바꾼다고 하더라도 그것이 하루아침에 과거와의 단절을 뜻하는 것이 아니므로, 그 과정을 어떻게 관리해야 하는지를 결정해야 한다.

  새로운 포지션을 위해 기존의 포지션을 포기해야 하는지, 두 개의 포지션을 동시에 관리해야 하는지 등과 같은 의사결정이 필요하다.

  이상과 같은 네 가지 제약 조건의 결과, 기업은 초창기 회사가 지닌 고객, 시장 지향적인 마인드를 잃어버리고 만다. 그 대신 기업의 관리 지향적인 마인드는 더욱 커져 기업의 내부 관점에서만 시간과 자원이 집중하게 된다. 결론은 고객들이 기업의 중심에서 더욱 더 멀어지고 마는 것이다.

터널 시야에서 레이더 스크린으로

기업 메모리로 인해 시야가 왜곡되면 시장의 경쟁 메커니즘을 제대로 이해하기가 어렵다. 과거의 성공 패턴과 경쟁의 장을 설정해 온 업계의 규범 등으로 인해 소위 '업종적 사고' 가 만연하게 된다.

산업박람회에 가면 매년 같은 회사들을 만나게 되고 비슷한 애널리스트의 통계치를 활용, 시장을 보는 눈도 비슷해진다. 금융 시장이 등급을 매길 때도 비슷한 경쟁업체와 함께 분류된다.

그 결과 시장을 전체적으로 바라보지 못하고 터널과 같이 좁은 시야를 가지고 바라보게 된다. 경쟁 상대를 동종업계에 국한시키고 마는 것이다.

예를 들어, 영국 내 콘텍트렌즈 용액사업에서 당연히 받아들이고 있던 업계의 관행 중의 하나는 렌즈 용액이란 슈퍼마켓에서 산다는 생각이다. 이에 따라 기존 기업들 사이의 경쟁은 누가 슈퍼마켓과의 네트워크를 더 강화하느냐에 초점이 맞추어져 있었다.

그러나 이 산업에 새롭게 진출한 소프론은 유통망에 대한 기존 관념을 깨고 슈퍼마켓 대신 안경체인점을 주유통망으로 채택하고 시장을 공략했다. 당시 영국 내 안경점들의 체인화가 급속히 이루어져 안경체인점이 점차로 대형화되는 추세였기 때문에 이를 활용해 유통망으로 삼는 전략은 크게 성공하기에 이른다.

특히, 렌즈는 건강과 관련된 문제이기 때문에 콘텍트렌즈 고객들은 검안 후에 안과의사나 검안의사에게 좋은 렌즈 용액의 추천을 요구하게 되고, 이는 그 즉시 판매로 이어졌던 것이다.

경영학에서는 이와 같은 경영자의 판단 착오를 일컫는 말로 '전략적 근시안(Strategic Myopia)' 이라는 용어가 있다. 경쟁의 전체 역학 관계를 살피지 못하고 어둡고 좁은 터널을 통과하듯이 좁은 한 면만 바라본다는 말이다.

네슬레와 제너럴푸즈에게는 왜 스타벅스와 같은 고급커피 시장이 사업적인 눈에 들어오지 않았을까? 바로 정제 커피 시장만을 생각한 전략적 근시안 때문이다.

참고로 브라질 국민 한 사람이 1년에 마시는 커피(4.5kg)

의 생두 가격은 스타벅스 커피 한 잔 값(2~4$) 밖에 안 된다는 점을 생각할 때 스타벅스와 같은 브랜드 커피 전문점이 지닌 부가가치의 효과를 능히 짐작하고도 남을 것이다.

또한, 시어즈나 JC페니와 같은 백화점들 역시 기존의 산업 구분에만 집착해서 자사의 중추 사업을 침식하는 타업종의 경쟁자를 인식하지 못해 사업이 크게 위축된 경험을 한 바 있다.

즉, 홈디포와 같이 스스로 만드는(DIY) 물품 전문점이라든지, 토이저러스와 같은 어린이용 전문 장난감 할인점, 월마트와 같은 대형 할인점들을 직접적인 경쟁자로 인식하지 못했기 때문인 것이다.

터널 시야 대신에 필요한 것은 레이더 스크린이다. 경쟁을 두려워하여 현실에 안주한다거나 영위업종에 한정하여 경쟁 환경을 파악하는 경직된 사업시각을 무너뜨려야 새로운 사업의 기회가 보이기 마련이다. 터널 시야와 레이더 스크린의 다른 점은 경쟁업체를 바라보는 시각이다. 그것은 지금 우리의 사업이 고객이 요구하는 관심 사항에 부응하면서 앞서나가기에 유리한 위치에 서 있느냐는 질문으로 시작된다.

이와 같은 레이더 스크린 시야는 경쟁업체를 '우리와 같은 사업을 하는 기업들' 이라고 규정하지 않는다. 오히려 경쟁의 시야를 고객들의 관심사항을 충족시키기 위해 선택할 수 있는 사업 설계들로 규정하는 것이다.

이 과정에서 어려운 일은 새로운 경쟁자들과의 싸움에는 시간이라는 요소를 생각해야 한다는 점이다. 즉, 적절한 타이밍이 중요하다는 말이다. 경쟁자로 인해 기업의 실적이 곤두박질 치기 시작한 경우라면 기성 업체로서는 적절한 대응의 시기를 이미 놓친 셈이다.

반면, 새로운 경쟁업체가 시장에 진입하는 것 역시 일정한 시간이 필요하다. 만약 경쟁자가 일정 수준의 시장점유율을 잠식하기 전에 기성 업체들이 이를 탐지, 적절한 대응을 할 수만 있다면 경쟁은 가능하다. 이미 확보된 인프라를 지렛대로 활용, 오히려 경쟁자들보다 우월한 위치를 선점할 수도 있다.

그렇다면 새로운 경쟁자들이 영역을 침범할 때는 어떻게 행동해야 하는가? 그들과 전면전을 벌여야 하나? 아니면 적극적인 제휴로 협력을 모색해야 하는가? 이제부터 우리가 할 일은 이와 같은 기업의 대응 전략을 알아보는 것이다.

영역 파괴 현상에 대응한 기업의 전략

새롭게 등장한 사업이 자사의 영역을 침범하는 것이 발견되면 기업의 대응행동은 다음 두 가지 관점에서 결정된다. 그것은 바로 기존 사업의 변환 가능성과 자사 핵심 사업에 미치는 영향이라는 두 축이다.

●자사 핵심 사업에 미치는 영향

새로운 사업이 영역을 침범할 때 기업은 먼저 이러한 파괴적 움직임이 자사 핵심 사업에 얼마만큼의 영향을 미치는지를 살펴보게 된다.

특히 이와 같은 분석에는 현재 수준에서의 영향력도 중요하지만 미래 신기술이 보편화되었을 때를 가정하고, 소비자의 니즈가 어떻게 변화하는지를 냉철하게 파악할 수 있는 직관력이 필요하다.

예를 들어, 컴퓨터가 등장했을 때 많은 미래학자들이 사람들은 더 이상 종이로 쓰는 일이 없어질 것으로 예견해 종이 소비량의 급격한 감소를 우려한 바 있었다. 그러나 결과는 정반대로 컴퓨터 프린터가 보편화되자 조그만 일에도 인쇄 후 확인하는 라이프 스타일이 등장해 종이 소비량은 기하급수적으로 늘어나게 되었다. 컴퓨터 산업이 종이 산업에 오히려 긍정적인 영향을 미친 것이다.

●기존 사업의 변환 가능성

영역 침범시 또 한 가지 고려해야 할 포인트는 그러한 변화의 움직임에 대응해 기존 사업이 얼마나 탄력적으로 유연하게 적응할 수 있느냐의 문제이다. 변화의 영향력이 비록 크다고 할지라도 기존 사업의 미세 조정으로 충분히 대응이 가능하다고 하면 기업에 미치는 영향력은 극히 미미할 수 있으며, 어떤 경우에는 오히려 이를 역이용해 경쟁력을 더욱 향상시킬 수 있는 계기로 작용할 수 있기 때문이다.

예를 들어, 인터넷이 한때 기존 오프라인 상점을 대체할 것이라는 변화의 관측 속에서 오프라인 기업들이 오히려 실시간 배송 시스템과 같은 온라인의 장점을 적극적으로 흡수해 오프라인의 효율을 더욱 높인 사례가 여기에 해당한다.

〈그림 5.3〉은 이상의 두 가지 관점에서 기업이 선택할 수 있는 전략적 옵션을 도출해 본 것이다. 최소 대응, 제휴 모색, 혁신적 모방의 세 가지 전략적 옵션이 바로 그것이다.

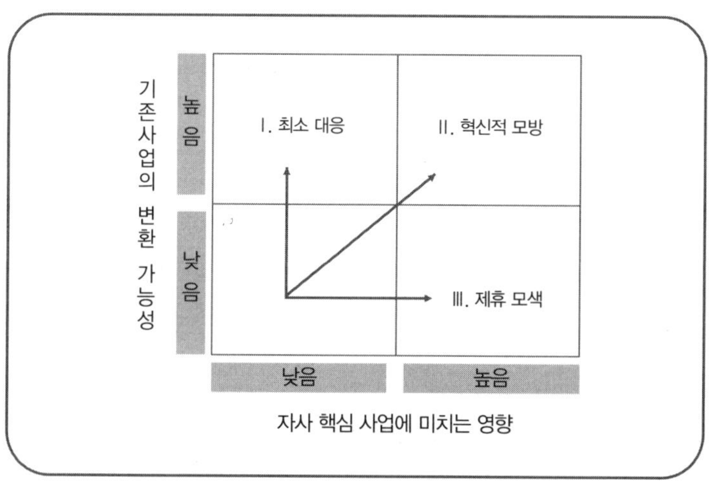

● 대응 전략 Ⅰ : 최소 대응

경쟁사의 사업 진입이 자사의 핵심 사업에 그다지 심각한 영향을 끼치지 못하며, 기존 사업 모델로도 충분히 대처가 가능한 경우이다. 기업은 사태를 관망하며 추가적인 대응을 고려할 수 있다. 그러나 무엇보다도 중요한 점은 경쟁자를 그냥 내버려 두기만 해서는 안 된다는 점이다. 향후에 위협적인 경쟁자로 부각되는 많은 기업들이 초기에는 대부분 이와 같은 방식으로 레이더에 포착되기 때문이다.

언제, 어떻게 경쟁자에게 유리한 경영 환경이 전개될지 모르는 만큼, 기본적인 R&D 투자를 통해 최소한의 역량을 배양해 놓고 있어야 한다. 영리한 경쟁자가 재빠르게 시장을 잠식할 것을 대비, 최소한의 대응으로 경쟁자를 예의·주시해야 한다.

얼마 전에 파산 신고를 낸 K마트는 이를 잘 보여주는 사례다. 애초에 K마트는 사람이 많은 대도시 위주의 영업을 펼치고 있었던 반면, 월마트는 중소도시를 거점으로 한 할인점이라는 사업 모델로 시장에 진입하기 시작했다.

당시 K마트는 업계의 1위였으며, 이미 월마트의 움직임을 간파하고 있었지만 월마트를 시골의 하찮은 업체라고만 생각하고 그 존재를 무시해 버렸다.

그러나 월마트는 물류와 재고관리를 포함한 몇몇 분야에서 탁월한 역량을 보이며 오히려 K마트의 시장을 잠식하기에 이른다. K마트가 경쟁에 필요한 기술에 눈을 돌렸을 때는 이미 1위 자리를 빼앗긴 후였다.

실제로 휴대폰에 무선 인터넷 등 PC 기능을 합친 단말기인 스마트 폰 운영체제에 대해 삼성은 양다리 걸치기라는 최소 대응 전략을 구사하고 있다. 이를 위해 삼성은 유럽의 노키아가 주도하는 '심비안' 진영과 미국의 마이크로소프트가 이끄는 '윈도우' 진영 모두에 참여를 선언한다(〈그림 5.4〉 참조).

구체적으로 삼성은 심비안의

상식 용어 뛰어넘기

심비안(Symbian)

노키아와 에릭슨 등이 컨소시엄을 구성하여 공동 개발한 휴대폰용 운영체제(OS)로 가정과 거리에서 무선으로 연결할 수 있는 장치로서 국제적 표준으로 개발되었다. 특히 휴대폰 운영체제 시장에 진입한 마이크로소프트와 경쟁하기 위해 세계 휴대폰 제조업체들 간 연합전선의 측면이 강하다.

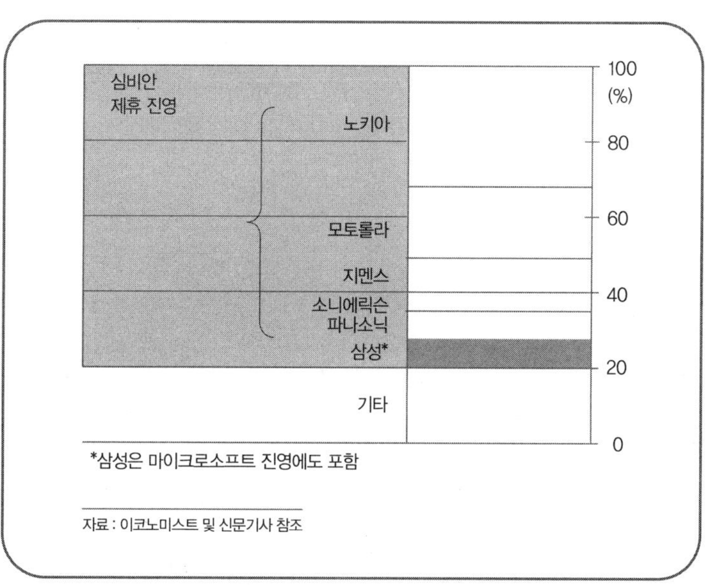

〈그림 5.4〉 심비안(Symbian) 제휴 진영의 규모
(2002. 2Q 기준)

지분 5%를 확보해 전략적 투자자가 되었으며 윈도우를 운영체제로 한 스마트 폰을 만들어 미국 버라이어존과 스프린트에 수출을 하는 등 마이크로소프트와의 전략적 제휴 또한 강화하고 있는 것이다.

이와 같은 삼성의 전략은 양자의 기술이 아직 검증되지 않은 만큼 양쪽 진영 모두에 발을 걸치고 미래 리스크를 회피하고 있는 것으로 보인다. 양쪽 진영에 최소한의 안전장치를 마련해 두고 향후 변화 시기가 무르익어 결정의 순간이 찾아오면 도태됨이 없이 승자의 편에 서기 위한 실리추구의 전략을 취한 것이다.

● 대응 전략 II : 제휴 모색

경쟁자의 시장 진입으로 인해 자사의 핵심사업이 크게 위협을 받고 있지만 기존 사업의 모델로 이를 적절히 대처할 수 없는 경우다. 기술의 융합과 같은 이유로 이전의 사업 모델로는 대응이 불가능한 영역에서 경쟁자가 침범해 오기 시작하기 때문이다.

정보통신이 발달하면서 각광받게 된 전자결제 시스템을 생각해 보자. 과거에는 신용카드 업체가 기존의 신용결제 시장에서 확고한 지위를 유지하고 있었다. 그러나 휴대폰을 이용한 무선결제 시스템, 유선전화를 이용한 소액결제 등과 같이 수많은 결제 시스템이 쏟아져나옴에 따라 신용결제는 더 이상의 신용카드 업계만의 전유물이 아니다.

실제로 신용카드 업체의 사업 모델로는 이 모든 것을 대응하기도 어렵다. 기업의 입장에서는 적극적인 제휴를 생각해야 할 시기가 온 것이다.

최근 이동통신회사가 카드사와 손잡고 휴대전화번호로 카드를 결제할 수 있는 서비스를 제공키로 한 것도 이와 같은 맥락이다. 지금까지는 온라인에서 물품을 구매할 경우 카드번호와 같은 개인의 신용정보를 입력해야만 했지만 통신회사와 카드사의 제휴로 휴대전화번호만 입력하면 물품구매가 완료된다.

더 나아가 후발사업자인 LG텔레콤의 경우, 모바일 뱅킹 분야에서 이와 같은 제휴를 통해 적극적인 시장 개척에 성공하고 있다. 국민은행 등 여러 은행들과 손잡고 스마트 칩을 내장해 무선 포털에 접속하는 절차 없이 은행 거래를 지원, 서비스 이용 소요

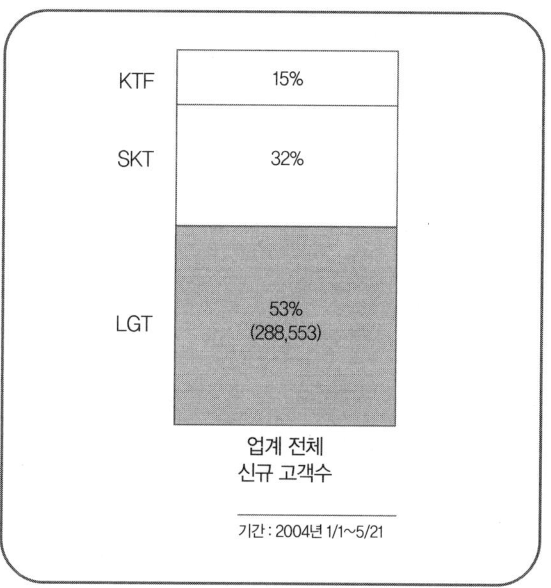

시간을 1분 이내로 단축시킨 '뱅크온 서비스'를 시행하고 있다.

실제로 이와 같은 LG텔레콤의 노력의 영향으로 후발사업자인 LG텔레콤이 모바일 뱅킹 분야에서는 선두 자리를 차지하는 가시적인 성과를 나타내고 있다(〈그림 5.5〉 참조).

이상과 같이 전혀 생각할 수 없었던 통신업과 은행업체, 카드업체와의 제휴로 고객들은 보다 안전하게 M-커머스를 즐길 수 있게 된 것이다. 뿐만 아니라 이제 기업들은 자사의 핵심 사업을 보전하면서 동시에 새로운 사업 기회를 발굴해 낸 일석이조의 효과를 누리고 있다.

● 대응 전략 III : 혁신적 모방

경쟁사의 시장 진입으로 자사의 핵심 사업이 크게 위협을 받게 되지만, 동시에 경쟁자가 제공하는 가치를 기존 사업의 모델로도 충분히 상쇄가 가능한 경우다. 이 때 기업은 적극적으로 경쟁자의 사업 모델을 벤치마킹해야 한다.

특히 기성 업체들은 오랫동안 시장을 지배해왔기 때문에 고객들의 기호가 변할 때 흐름을 제대로 읽지 못하는 경우가 많다. 반면 기업 메모리에 얽매이지 않는 신설 업체와 비전통적 업체들은 새롭게 나타나는 고객 관심사항에 민감하게 반응할 수 있다.

기성 업체들 역시 연구개발을 위한 노력을 게을리해서는 안 되겠지만 이와 같은 상황에서는 역(逆) 연구개발(D&R)의 방식에 더욱 주력할 필요가 있다. 경쟁자가 가진 사업 모델을 재빨리 배워 더 나은 가치를 고객에게 제공해 줄 수 있는 역량을 키워야 한다는 말이다.

코닥 사의 경우 2000년대에 들어 디지털 카메라와 같은 디지털 이미징(Digital imaging) 사업이 회사의 핵심 사업을 크게 위협하는 상황에 직면하게 된다. 필름 사업이 회사 수익의 90% 이상을 차지한다는 점을 생각할 때 디지털 카메라의 급속한 시장잠식은 회사의 존폐 자체를 위협하는 심각한 문제였다.

시장조사 업체인 IDC가 2004년 발표한 자료에 따르면 디지털 카메라의 판매량은 2003년 4,790만 대보다 43.2% 상승한 6,860만 대를 기록하고 오는 2008년까지 1억 대를 넘어설 전망이라고 한다.

이와 같은 신규 시장의 약진, 기존 시장의 쇠퇴에 대응한 코닥사의 대응은 무엇이었을까? 도래하는 디지털 카메라 시장을 저지하려는 방어적인 행동이 아니라 오히려 적극적으로 디지털 이미징 기술을 습득하는 것이었다. 바로, 시장에 새롭게 진입한 경쟁자를 학습의 대상으로 삼고 철저히 모방한 것이었다.

이와 같은 코닥의 벤치마킹 전략은 단순한 모방을 넘어 경쟁자 이상의 혁신적 가치를 제공하려는 것으로 최근에는 35밀리 필름의 2배에 달하는 반도체 칩을 개발하는 수준에까지 이르게 된다. 그 결과 디지털 카메라 부분에서 코닥은 세계 3위의 업체로 거듭나게 되었다.

디지털 카메라폰이 MP3폰으로 진화하는 것에 대응한 MP3 플레이어 진영의 반격도 이와 같은 맥락이다. 바로 국내 MP3 업체인 아이리버의 경우 오히려 iFP-1090 모델로 디지털 카메라 시장에 진출해 이젠 MP3 플레이어로 사진을 찍는 세상을 만들어 냈다.

실제로 이 디지털 카메라-MP3 플레이어의 경우 성능은 핸드폰에 달려 있는 카메라보다 우수하다. 줌 기능도 탑재돼 있으며 컨트롤 스틱을 위쪽으로 올릴 때마다 두 배, 세 배의 줌 기능을 보여준다. 촬영한 사진은 내장된 1.2인치 26만 컬러 그래픽으로 바로 확인이 가능할 정도라고 한다.

경쟁자의 영역 침입에 방어적으로 대응하는 것이 아니라 오히려 경쟁사의 영역을 역공함으로써 새로운 시장을 창출해 내는 효과를 거둔 것이다.

당신의 포지션을 재점검하라

이상으로 영역 파괴 현상에 대한 기업의 대응 전략을 살펴보았다. 21세기는 3T(IT, BT, NT) 간의 융합으로 인해 영역 파괴 현상이 더욱 심화될 것이라는 점에서 앞으로도 영역 파괴의 문제는 기업의 생존에 커다란 의미로 다가올 것이다.

영역 파괴가 진행이 되면 무엇보다 자사가 가진 비즈니스 모델이 심각한 도전을 받게 될 것이다. 전체 글로벌 네트워크 상에서 어떤 포지션, 전략, 기술을 가지고 동참할 것인지를 깊이 고민해야 한다는 말이다.

이 과정에서 방향성 없이 영역 파괴를 위해 무작정 몸집을 키우는 기업들은 오히려 큰 실패를 경험하게 될 것이다. 제조업체가 유통업체로 영역을 파괴한 사례였던 런던포그(London Fog)의 경우도 이와 같은 실패를 잘 보여주는 사례다.

런던포그는 레인코트 분야에서의 강력한 브랜드 파워를 기반으로 1995년 30개 공장 직영점을 비롯해 140여 개 점포를 세워

유통업체로의 영역 파괴를 단행한다. 그러나 자사 제품을 취급하는 백화점과의 채널 갈등 문제로 1998년 9월 런던포그는 결국 파산을 신청하고 만다. 잘못된 길을 걸어왔다는 것을 깨달은 런던포그는 110개 점포의 문을 닫고 1개의 공장 직영점만을 남겨둔 채 새롭게 활로를 모색중이다. 산업 간 경계가 모호해지는 시기일수록 명확한 자사의 포지션이 얼마나 중요한지를 잘 보여주는 사례라 하겠다.

그러나 민첩한 기업은 이와 같은 혼돈의 시기를 오히려 자사의 기회로 활용할 수 있을 것이다. 앞서 설명한 코닥이나 아이리버의 사례가 그 좋은 예다.

이미 세계 초일류 기업들은 영역 파괴를 이용, 미래를 선점하기 위한 노력을 경주중이다.

노키아는 이미 인터넷과 이동 통신의 결합을 의미하는 IP(Internet Protocol) 컨버전스를 준비중이고, 일본 NTT 역시 10년 뒤에는 모든 전화를 인터넷 기반으로 교체하는 차세대 네트워크(NGN)를 구축중이다.

경쟁만을 생각하고 현상 유지에 급급한 기업은 시장에서 도태될 뿐이다. 적극적인 도전정신으로 영역 파괴를 새 수익원을 창출하는 기회로 활용하는 지혜가 필요한 때다.

차세대 네트워크 (Next Generation Network)

차세대 통신망으로 각광받고 있는 NGN은 일반 전화망, 비동식전송방식, 전용망, 무선 통신망 등 모든 통신 네트워크를 패킷 기반의 공통망으로 융합해 망 구축 비용 및 운용 비용의 절감은 물론 유연하고 개방적인 네트워크 솔루션을 제공하기 위한 음성·데이터 통합망이다. NGN의 가장 큰 특징은 음성과 데이터, 영상 등을 동시에 수용하여 인터넷 전화, 멀티미디어 등과 같은 다양한 부가 서비스를 효율적으로 제공하는 데 있다.

디지털에 부는 퓨전 바람, '디지털 컨버전스'

디지털 컨버전스란 음성 · 데이터 · 영상과 같은

정보의 융합이나 방송 · 통신 · 인터넷과 같은 네트워크의 융합,

컴퓨터 · 통신 · 정보가전과 같은 기기의 융합 등과 같이

디지털 기술을 기반으로 새로운 형태의 제품이나 서비스를

탄생시키려는 기업의 노력을 말한다.

디지털의 최대 화두, '컨버전스'

삼성, IBM, 마이크로소프트, HP 등은 모두 세계의 IT 시장을 선도해 나가는 개척 기업들이다. 이들의 공통점은 무엇일까? 바로 한결같이 미래의 핵심전략 사업으로 컨버전스를 부르짖고 있는 기업이라는 점이다.

디지털 컨버전스란 음성 · 데이터 · 영상과 같은 정보의 융합이나 방송 · 통신 · 인터넷과 같은 네트워크의 융합, 컴퓨터 · 통신 · 정보가전과 같은 기기의 융합 등과 같이 디지털 기술을 기반으로 새로운 형태의 제품이나 서비스를 탄생시키려는 기업의 노력을 말한다.

'퓨전'이 융합이라는 의미라면, '컨버전스(Convergence)'는 그 융합이 어느 한 곳으로 수렴한다는 의미가 강하다. 예컨대, 디지털을 매개로 가전, IT 기술, 컨텐츠, 서비스 등이 서로 유기적으로 합쳐지고 있다는 것이다. 이에 따라 복합기, 카메라폰, 휴대폰뱅킹, 텔레메틱스 등 IT와 가전 분야에서 디지털 컨버전스는 그 어느 때보다 더욱 급속하게 일어나고 있다.

무엇보다 주목할 점은 이와 같은 디지털 컨버전스가 이루어 내는 '통합의 속도' 라는 측면이다. 디지털의 힘으로 아주 강하게 통합되기 때문에 사람들에게 이전의 통합과는 전혀 다르게 느껴지며 그 속도 때문에 이전의 통합과는 질적으로 다른 통합이 되고 있다.

컨버전스는 지금까지 '분야' 라는 용어로 분리된 여러 가지 영역의 벽을 빠르게 허물고, 그 경계를 지워나갈 것이다. 이와 같은 현상파괴적인 변화들은 기술에 대한 요구를 빠르게 변화시켜갈 것이고 다양한 서비스들이 출현할 것이다.

발명이 또 다른 발명에 대한 수요를 낳듯 기술이 다른 기술에 대한 수요를 만들고, 서비스는 또 다른 서비스에 대한 수요를 창출해 낼 것이다. 디지털 컨버전스를 통해 지금까지 보지 못했던 다양한 기술, 컨텐츠, 서비스들이 빠르게 등장하고 또 빠르게 사라져 가게 되는 것이다.

이미 선진 기업들은 기업의 장기적인 경쟁력 향상을 위해 디지털 컨버전스라는 산업 메가트렌드를 적극적으로 활용하고 있으며, 앞으로 그 변화의 속도는 더욱 가속화될 전망이다.

특히, 이와 같은 변화의 과정에서 과거의 번영에 집착한 나머지, 능동적으로 기업을 바꾸지 못하는 기업은 기존의 경쟁 우위를 상실하는 크나큰 시련을 겪게 될 것이다.

세계 최대 이동통신회사인 노키아의 경우를 살펴보자.

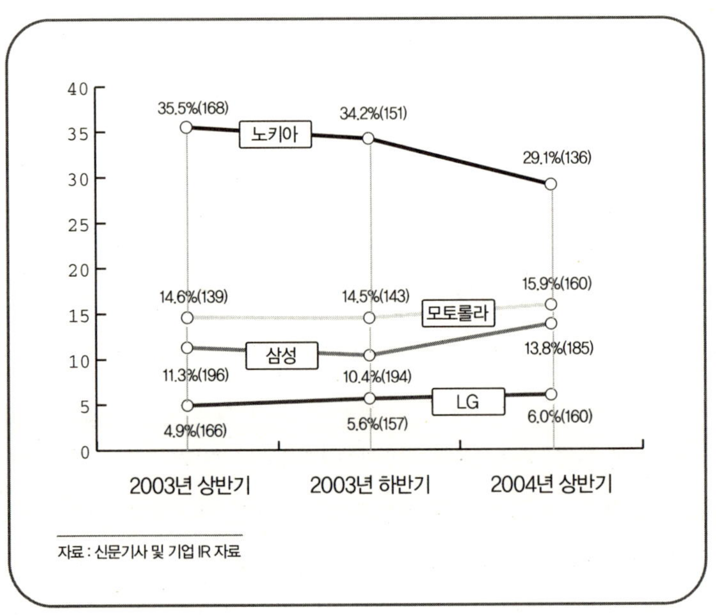

저가의 대중적인 모델만을 고수하던 노키아는 컨버전스를 통한 복합상품화라는 트렌드에 대응하지 못해 위상이 크게 흔들리고 있다. 즉, 빠르게 변하는 소비자의 기호에 맞추어 휴대전화기가 디지털 카메라, MP3 플레이어, 캠코더, 녹음기 등 각종 전자제품과 결합하는 것과 같은 새로운 상품들을 내놔야 하는데 노키아는 이 부분에서 약점을 보이고 있다.

예를 들어, 삼성이 연간 내놓는 휴대폰 품목 수가 150건에 달하는 반면, 노키아의 경우 20건에 불과한 사실은 이를 단적으로 증명한다. 그 결과 2003년 상반기 35.5%의 세계 시장점유율을 바라보던 노키아의 판매실적은 2004년 상반기 29%대로 급락하게 된다. (〈그림 6.1〉 참조).

　많은 엔지니어들은 본능적으로 새로운 것에 목말라 한다. 새로운 기술은 새로운 영역을 개척하고, 이는 기존 영역을 고수했을 경우 생각할 수 없었던 부가가치를 달성할 수 있기 때문이다.

　90년대 말에서 2000년 초반에는 인터넷, 무선 기술, 모바일 등의 기술이 기존의 패러다임을 급격하게 바꾸어 놓았다. 물론 이제는 디지털 컨버전스가 그 변화의 가장 큰 중심에 있다. 이제부터 우리가 할 일은 이와 같은 변화의 흐름 속에 기업의 경영자들이 대처하는 생존 전략을 살펴보는 것이다.

디지털 컨버전스의 음과 양

기업들이 디지털 컨버전스에 주력하는 이유는 무엇일까?

많은 이유가 있겠지만 가장 간단하면서도 강력한 이유는 한 가지다. 거기에 바로 '돈' 이 존재하기 때문이다. 더 나아가 당장은 아니더라도 그 성장 가능성이 무궁무진하다는 점은 이를 더욱 더 매력적으로 만든다.

경영의 역사를 살펴보면, 기업의 성공은 값싸고 품질 좋은 물건을 누가 더 많이 만들어 내는지에 달려 있다고 믿은 적이 있었다. 생산성의 극대화를 위해 품목의 다양성을 줄이는 대신 표준화된 제품의 대량 생산이 경쟁의 핵심요소로 등장했던 것도 이 때문이었다.

그러나 시대는 변했다. 기술의 융합, 대량 맞춤 생산(Mass Customization) 등과 같은 시대의 흐름은 기존 제조업의 패러다임을 변화시켰다. 단순한 단품(單品) 위주의 생산으로는 산업 평균 이상의 수익을 얻는 것이 갈수록 힘들어지게 된 것이다.

그 결과 산업·영역 전반에 걸친 가치이동이 시작되었다. 이는 제품의 융합화와 서비스화의 방향으로 진행되고 있다.

지금까지는 기업의 부가가치 창출이 개별 제품 단위가 가진 고유의 경쟁력에 의해 좌우되었다면 미래의 경쟁은 단품을 엮은 복합품, 더 나아가 복합제품에 지식과 컨텐츠를 부가한 토탈 솔루션(Total Solution)에서의 경쟁력이 시장을 주도할 것이라는 말이다.

기업의 입장에서 생각해 보면, 디지털 컨버전스는 분명 기회의 측면이 강하다. 새로운 사업 기회의 창출이 가능하기 때문이다. 휴대폰만 해도 MP3와 기능을 합쳐서 오락적인 성격을 가진 제품을 만들 수도 있고, 카메라를 포함시켜 멀티미디어 기기 대용으로 이용하게 할 수도 있으며, 전자지갑을 집어 넣어 새로운 화폐 인증 시스템으로도 활용할 수 있다. 융합의 아이디어만 좋다면 앞으로의 사업 기회는 무궁무진하다.

그러나 디지털 컨버전스가 기업에게 늘 이로운 면만 가져다 주는 것은 아니다. 특히 기존의 경쟁과는 달리 모든 산업·영역에서의 전면전을 가져온다는 점에서 기업에 위협의 존재로 작용할 수도 있다. 새롭게 시장을 창출할 수도 있지만 기존 시장을 파괴하는 측면도 커 일종의 가치이전적인 성격도 보유한 것이다.

심지어 어떤 경우에는 새로이 창출되는 시장에서도 전반적인 수익성을 악화시킬 가능성이 존재하기도 한다. 즉, 기술의 복잡성이 증대됨에 따라 개발 및 제조과정에 요구되는 자본의 규모

는 예상 외로 더욱 커지는 반면, 산업 경계 약화로 다수의 경쟁자
들이 시장에 진입해 새로운 시장에서의 경쟁은 더욱 치열해지기
때문이다.

　예를 들어 갈수록 주목받는 휴대용 복합 단말기의 경우 기존
PDA 기업, PC 기업, 종합 가전 기업, 기존 휴대폰 기업들이 모
두 자사의 미래 사업으로 규정하고 치열한 경쟁이 펼쳐지고 있
다. 이러한 경쟁 심화는 산업의 성장성은 크지만, 소수 상위 기
업 이외의 일반 기업들은 실제 차지하는 이윤의 폭이 작을 수밖
에 없는 현상을 유발한다.

　디지털 카메라 역시 코닥, 후지 등 기존 필름 시장에서의 강자
들이 뛰어들어 이미 30~40여 개의 업체들이 경쟁하고 있지만
소니, 올림푸스, 코닥 등 월등한 제품 구현 능력을 갖춘 소수의
상위 기업들이 전체 시장의 50% 이상을 점유하는 '오직 강자만
이 살아남는' 가치편중 현상이 심화되고 있다.

나의 적은 누구인가?

그렇다면 기업은 이와 같은 기회와 위기의 요소를 어떻게 식별하는가? 기업의 입장에서는 경쟁자가 자사의 핵심 영역을 파괴하기 전에 이에 대한 대비책을 세울 수 있는 대응 방안의 탐색이 절실하게 필요하게 된다.

대응 방안 수립에 있어 가장 놓치지 말아야 할 중요한 포인트는 그러한 변화가 일순간에, 전면적으로 기존의 모든 것을 뒤집어 버릴 수는 없다는 점이다.

실제로 하버드 대학의 유명한 경영전략 학자인 크리스텐슨 교수는 영역 파괴를 위한 제품이나 서비스가 시장에 등장함과 동시에 기존의 지배적인 제품이나 서비스를 대체하는 것은 거의 불가능하다는 점을 지적한 바 있다.

대부분의 영역 파괴 제품·서비스는 처음에는 가격이나 제품의 기능, 호환성 등에서 많은 문제점을 드러내기 때문이다. 그 결과 이들 중 상당수의 혁신적인 제품이나 아이디어들은 시장 지배자의 영광을 누리지 못하고 사라지게 된다.

하지만 소수의 영역 파괴 제품들은 이러한 결점을 꾸준히 개선해 나간다. 그 개선의 질과 양이 어느 일정 순간에 이르게 되면 기존 고객들을 급격히 대체해 결국 시장의 주도권을 움켜쥘 수 있다.

〈그림 6.2〉는 이와 같은 영역 파괴를 여섯 가지의 단계로 나누어 영역 파괴로 인한 경쟁자의 위협이 자사에 얼마나 위협을 주는가를 설명하고 있다.

1단계 (초기 시장 진입) : 이 단계에서 처음으로 그리 중요하게 여기지 않거나 전혀 생각지도 못한 영역에서 영역의 파괴가 시작된다. 많은 경우 가격이나 제품의 성능적인 측면에서도 기존 시장의 것과 비교해 우월성이 없다.

2단계 (Main 시장 진입) : 영역 파괴자들이 기존 사업자들의 안방이라고 할 수 있는 메인(Main) 시장에 진입하게 되는 단계다. 특허, 자본, 유통망 등 기존 사업자들의 진입 장벽을 뚫고 시장에 본격적으로 진입하는 것이다.

3단계 (고객 유인 성공) : 소비자들이 변화를 주목하기 시작하는 단계다. 이는 영역 파괴 제품들의 차별화된 특색을 소비자들이 인정하기 시작했다는 의미다.

<그림 6.2> 영역 파괴 현상의 점검 포인트

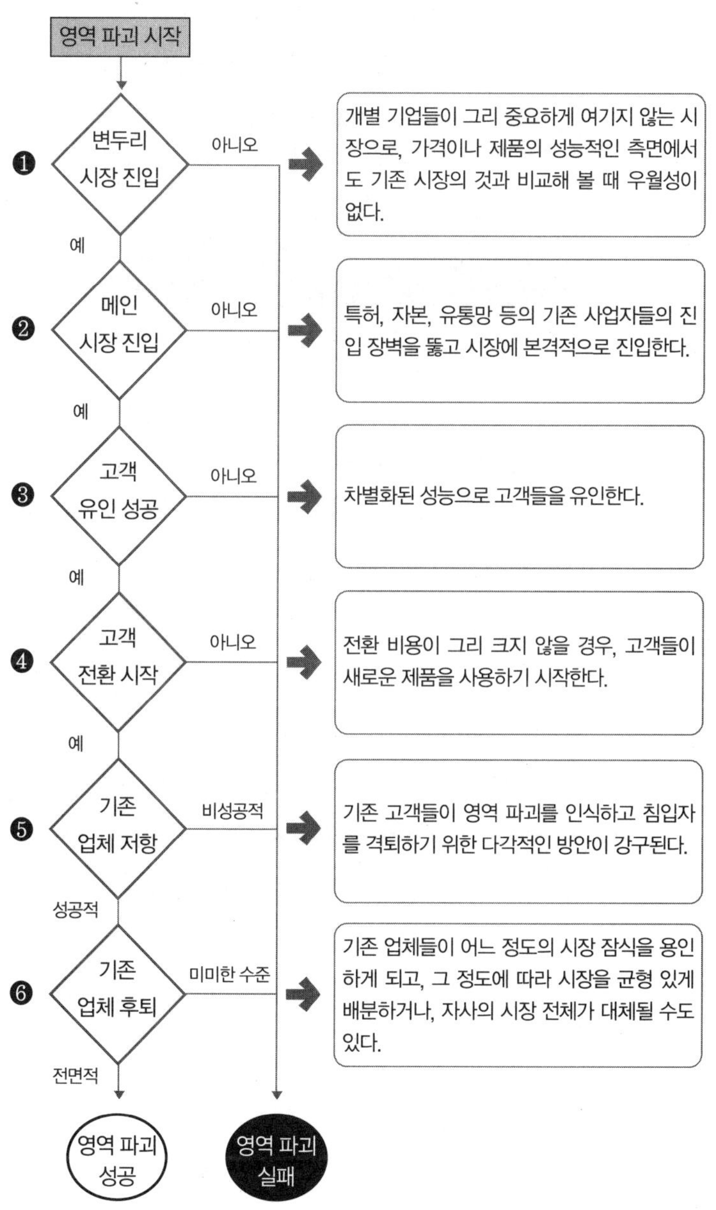

4단계 (고객 전환 시작) : 소비자 유인의 결과로 실제 소비자들의 상품 · 서비스 전환이 이루어지는 단계다. 소비자들은 전환 비용이 그리 크지 않을 경우, 기존의 상품 · 서비스를 버리고 새로운 상품 · 서비스를 사용하기 시작하게 된다.

5단계 (기존 업체 저항) : 기존 업체들의 반격이 시작되는 단계다. 그 동안 경쟁자의 침입을 예의 주시하던 기존 업체들이 현실로 일어난 소비자들의 이탈을 막기 위해 기존 사업자들이 침입자를 격퇴하기 위한 다각적인 방안을 강구하는 단계다.

6단계 (기존 업체 후퇴) : 영역 파괴 후 기존 업체들이 영역 파괴자와 새로운 시장 내 지위가 설정되는 단계다. 이 단계까지 오면 영역 파괴의 경쟁 결과 어느 정도 시장의 잠식을 용인하는 단계라고 볼 수 있다. 그 정도에 따라 시장에서 공생할 수도 있으며, 때로는 자사의 시장 전체가 대체될 수도 있다.

이상과 같이 영역 파괴의 각 단계를 이해하면 경쟁자가 자사의 사업을 파괴하기 전에 이를 탐색해 적절히 대응하는 것이 가능할 수 있다. 바로 영역 파괴 현상의 단계를 이해해 이를 향후 점검의 포인트로 삼을 수 있는 것이다.

컨버전스 시대의 생존 전략 5가지

자사의 레이더가 경쟁자의 영역 파괴를 탐색했다면, 이제 기업의 적극적인 대응이 필요한 시점이다. 선진기업의 사례를 통해 디지털 컨버전스 시대에서 생존하기 위한 5가지 행동 전략을 살펴본다.

> **컨버전스 시대의 생존 전략 5가지**
> 1. 고객 접점 지역의 확보로 향후 킬러앱의 등장에 대비하라
> 2. 표준을 장악하여 융합의 핵심을 차지하라
> 3. 자사의 영역을 침입하는 경쟁자의 영역을 역공하라
> 4. 제휴를 통해 진입 장벽을 구축하라
> 5. 전면전을 피하고 핵심 역량 위주로 재포지셔닝하라

1. 고객 접점 지역의 확보로 향후 킬러앱(Killer Application)의 등장에 대비하라

컨버전스가 위협적인 이유 중의 하나는 그 진행 방향을 예측하

기가 지극히 어렵다는 이유 때문이다. 다양한 기술과 이(異) 업종의 업체들이 각축을 벌이고 있기 때문에 어느 영역에서 어떤 업체가 우리의 경쟁상대가 될지를 미리 알기란 거의 불가능하다.

실제로 휴대폰에 MP3 기능을 내장한 멀티미디어폰이 인기를 끌자 기존의 MP3 제조업체들의 경쟁상대는 이제 휴대폰 업체들이 된 것도 이와 같은 맥락이다.

바로 이러한 컨버전스의 무한경쟁 속성 때문에 최종 소비자와의 접점을 확보하는 것은 대단한 의미를 지닌다. 컨버전스가 어떤 기기, 어떤 서비스로 구현되던 고객과의 접점에서 발생한다고 가정할 때, 결국은 최종 소비자와의 연결고리를 확보하는 기업이 승리하게 된다. 향후 킬러 애플리케이션이 등장하더라도 그 서비스는 최종 소비자와의 접점 공간에서 시작될 것이라는 점은 이 말의 신빙성을 더욱 더하는 대목이다.

예를 들어 네트워크 망과 융합된 미래의 주택을 떠올려보자. 홈 네트워킹, 주문형 케이블 TV, 원격제어 등과 같은 디지털 컨버전스 기술들이 향후 시장 확대를 꿈꾸며 속속 등장하고 있으나 시장을 견인할 명확한 애플리케이션은 아직 눈에 띠지 않는 상황이다.

그러나 이와는 대조적으로 가정과 네트워크를 잇는 최종 접점인 'Last 1 Mile'에 대한 통신 업체들의 경쟁은 상상할 수 없을 정도로 치열하게 벌어지고 있다. 미래 서비스의 기반이 될 최종 접점 지역을 확보하지 못하면 앞으로의 사업 자체가 불확실해진다는 위기감 때문이다.

즉, 컨텐츠 → 네트워크 → 서비스 제공자 → 최종 소비자를 잇는 서비스 가치 전달의 과정에서 최종 소비자를 잇는 연결 고리 역할을 하는 것이 무선 통신, 유선 통신, 지상파 방송, 위성 방송, 유선 방송 업체 중 누가 될 것이냐에 대해 관련업계의 초미의 관심사가 되고 있다.

〈그림 6.3〉의 경우 이와 같은 'Last 1 Mile'이 유선 업체들의 초고속 인터넷이 되는 경우를 가정해 향후 기술 진화의 대응을 설명한 것이다. 이는 향후 VOD, 원격교육/진료, 홈 네트워크 서비스 등 멀티미디어 서비스의 경우 초고속 인터넷 가입자 망 및 가입자 등을 바탕으로 파생될 것이라는 점을 보여주고 있다.

이를 통해 기존 유선 전화를 인터넷 전화라 불리는 VoIP(Voice over Internet Protocol)로 대체하고 케이블 TV와의 융합을 통해 기존의 아날로그 케이블

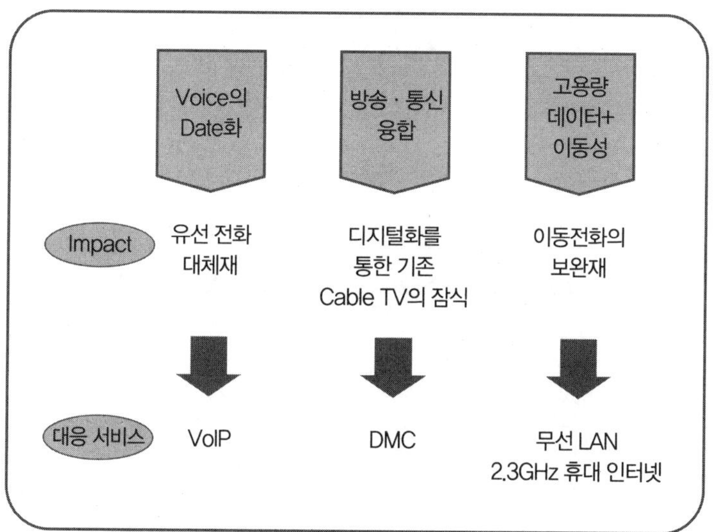

〈그림 6.3〉 Last 1 Mile 확보를 통한 기술 진화의 대응 : 초고속 인터넷 사례

TV를 디지털로 전환하며 무선 LAN, 휴대 인터넷 등을 통해 무선의 이동전화 시장에도 진출하려는 움직임이 포착되고 있다.

향후 기술 진화의 방향을 볼 때 'Last 1 Mile'에 대한 헤게모니 장악을 위한 무선 통신, 유선 통신, 지상파 방송, 위성 방송, 유선 방송 업체들의 주도권 쟁탈 경쟁이 한층 더 심화될 것이라는 점은 자명한 이치다.

2. 표준을 장악하여 융합의 핵심을 차지하라

복수의 컨버전스가 진행되면 기업의 입장에서는 또 다른 기회가 찾아올 수 있다. 이른바 '플랫폼'이라는 개념의 사업자가 존재할 수 있기 때문이다.

쉽게 말해 컨버전스로 인해 다양한 영역 간의 이합집산이 이루어지더라도 그러한 모든 융합을 통합시켜 줄 밑바탕이 되는 기술이나 서비스를 제공하는 기업이 존재할 수 있다는 말이다.

이러한 맥락에서 과거 PC 사업에서의 경험은 향후 펼쳐질 컨버전스 시대에도 시사하는 바가 큰 대목이다. 즉, 컴퓨터의 주변으로 수많은 주변장치가 부착되고 응용기술이 개발되었지만 여전히 컴퓨터라는 하드웨어와 윈도우라는 운영 시스템을 근간으로 하고 있다는 것이다.

예를 들어 컴퓨터에 TV 시청 기능이 들어가고 게임 기능이 들어가는 것과 같이 아무리 다양한 기능과 영역이 첨가되더라도 결국은 마이크로소프트의 윈도우와 인텔의 CPU가 필요하기 마련이라는 점이다.

결론적으로 말해 컨버전스가 진행되더라도 그 융합의 핵심이 되는 교집합 부분을 차지하고 있으면 다가올 융합의 시대에 강자로 부상할 수 있다.

또한 컨버전스가 융합이라는 의미로 영역을 파괴하지만 역설적으로 수렴화의 현상을 가져오기도 하는데, 이것이 바로 표준화의 문제다. 컨버전스가 진행되면 오히려 개별 기술이나 서비스의 호환에 대한 중요성은 더욱 중요해지기 때문에 기반 제품이나 표준 소프트웨어와 같은 플랫폼의 존재는 필수적이다.

이미 세계 선도 기업들은 경쟁의 초반에 다수의 채용 업체를 확보해 제품 간 호환성 및 연결성을 획기적으로 향상시킬 목적으로 세계 일류 기업들은 '적과의 동침'도 마다하지 않고 있는 실정이다. 디지털 가전 시장의 경우 디지털 컨버전스로 복합 기능과 네트워크 기능을 동시에 추구하게 될 것으로 보이며, 가전 업체와 소프트웨어 업체 등 5~6개 업체들이 홈 네트워크 국제 표준경쟁에 나서고 있다.

〈표 6.1〉과 같이 NEC, 히타치, 마쓰시타, 후지쯔, NTT 도코모 등 22개사의 일본 업체들은 TRON이라는 기본 OS를 사용, 디지털 가전 관련 OS 개발에 주력하고 있으며, 소니의 경우 HAVI 라는 국제표준의 채택을 위해 그룹 디히, 히타치, 마쓰시타, 필립스, 샤프, 소니, 톰슨, 도시바 등과 공동 개발하고 있으며 선 마이크로 시스템즈는 JINI, HP는 CHAI, 마이크로소프트는 UPnP를 개발 중이다.

〈표 6.1〉 표준 전쟁 사례

	기술명	참여 기업
홈 네트워크	HAM	소니
	JINI	선 마이크로 시스템즈
	UPnP	마이크로소프트
	HWW	삼성전자
무선 인터넷 프로토콜	WAP	에릭슨
	i 모드	NTT 도코모
플래시 메모리	메모리 스틱	소니, GM, 모토롤라, 샤프
	SD 카드	마쓰시타, 도시바, 선디스크

더 나아가 소니의 경우 「플레이스테이션 Ⅱ」라는 게임용 기기를 중심으로 향후 가정용 엔터테인먼트 사업의 플랫폼을 차지하기 위해 노력하고 있다. 같은 맥락으로 소프트웨어 분야에서 마이크로소프트의 '닷넷(Dot net)' 전략이나, Java를 근간으로 한 개방형 플랫폼인 선(Sun)의 '원(One)'도 이와 같은 플랫폼 전략의 주요한 사례라 할 수 있다.

시장 표준을 위한 기업의 노력에서 우리가 특히 간과하지 말아야 할 부분은 이와 같은 표준 설정 그룹에는 아무나 들어가는 게 아니라는 점이다. 기술력이건 제품 개발력이건, 가진 게 있어야 1등만의 리그에 들어갈 수 있다는 점에 주목해야 한다. 미국 기업들이 지금도 매년 200억~300억 달러 이상을 표준화에 투자하는 이유를 곰곰히 생각해 보아야 할 것이다. 경쟁력을 배양하고 전략적으로 유리한 파트너를 선정해 미래를 대비하는 행동이 필요한 것도 바로 이 때문이다.

3. 자사의 영역을 침입하는 경쟁자의 영역을 역공하라

펜싱 경기를 보면 크로스 패리(Cross-Parry)라는 전술이 나온다. 이는 상대방이 자신을 찌르려 하는 경우 자신도 상대방을 찌르려 함으로써 상대방의 공격을 차단하는 방법을 말한다.

기업 전략에서도 이와 같은 공격을 통해 상대방의 공격을 막아내는 방법이 있는데, 이를 일컬어 '크로스 패리 전략'이라고 부른다. 크로스 패리 전략은 우리가 흔히 말하는 '공격이 최상의 방어'라는 말과 같은 맥락이다. 새로운 경쟁자의 침입으로 자사의 핵심 사업이 크게 위협을 받을 경우, 과거의 사업에 집착하는 대신 오히려 경쟁자의 영역으로 역진출을 시도하는 것을 고려할 필요가 있는 것이다.

미국의 캐터필라(Caterpillar)와 일본의 고마쭈(Komatsh) 간의 치열한 싸움은 이와 같은 크로스 패리 전략의 대표적인 사례이다.

일본의 중장비 업체인 고마쭈는 내수 시장에서 얻은 수익을 기반으로 해외 시장에서 저가 공세를 펼치며 캐터필라의 텃밭 시장을 잠식해 나갔다. 이에 대응한 캐터필라의 전략은 캐터필라와 접점 시장에서 격전을 벌이는 것이 아니라 오히려 고마쭈의 텃밭을 공략하는 것이었다. 즉, 미쓰비시 중공업과의 합작투자를 통해 일본 내수 시장에서 고마쭈를 압박한 것이다.

그러자 고마쭈는 크게 당황하였으며 더 이상 내수 시장에서 얻은 이익을 기반으로 해외 시장에서 손해를 보전하는 것과 같은 전략을 구사할 수 없게 되었다. 캐터필라의 뜻대로 고마쭈의 내수 기반을 공략해 세계시장에서 자사 시장을 효과적으로 방어한 것이다.

그러나 이야기는 여기서 끝나지 않는다. 고마쭈의 대응 전략이 남아 있기 때문이다. 고마쭈의 경영진들이 고심에 고심을 거듭한 회의 끝에 또 하나의 모험을 감행하기로 결정한다. 그것은 다시 캐터필라의 텃밭인 미국 시장을 공략하는 것이었다. 드레서(Dresser)와 커민스(Cummins Engines)와의 제휴로 미국 시장에서 캐터필라를 공격했고, 그 결과 각자 상대방의 국내 진입을 효과적으로 막는 선에서 결론을 찾았다.

캐터필라와 고마쭈의 사례는 컨버전스 시대의 기업 경영전략에도 그대로 사용된다. 실제로 최근 들어 급격한 성장세를 보이고 있는 디지털 카메라에 대응한 기존의 필름 사업자들의 혁신 방안 역시 이러하다.

경영상의 변화가 시작된 것은 디지털 카메라와 같은, 이전에는 생각지도 못했던 영역에서 대체제가 출현함에 따라 코닥·후지·아그파 등과 같은 유명 필름 제조업체들마저 매출 감소로 인해 고사 위기에 처한 데서 비롯된다. 대략 2001년 정도를 정점으로 해서 필름 시장의 매출은 급격히 감소하면서 디지털 카메라 시장이 매년 급속한 성장을 거듭한 것이다. 3위 사업자인 아그파의 경우 2003년 세계 필름 시장의 10%를 차지했으나 2001년 세계 필름 판매량이 사상 최고를 기록한 이후 매출이 13%나 감소했으며, 같은 기간 디지털 카메라 판매량은 3배나 증가했다. 코닥의 경우도 한때 자사 수익의 90% 이상이 필름 사업에서 나왔다는 점에서 필름 사업의 감소는 회사의 존폐를 위협하는 심각한 문제였다.

필름 사업자들이 이를 극복한 방법은 무엇일까? 필름 가격의 전폭적인 인하와 같이 경쟁자를 방어하는 데 목숨을 거는 방식 이었을까? 놀랍게도 필름 사업자들은 디지털 이미징 기술을 적극 개발해 카메라 회사로 거듭나는 전략을 취한 것이다. 자사의 핵심 비즈니스 모델을 버리는 위험을 감수하면서라도 오히려 적의 영역으로 진입한 셈이다.

실제로 코닥과 후지는 디지털 카메라 부분의 세계 3~4위의 업체로 부상하는 성과를 갖추게 된다. 후지 필름의 경우 캐논과 함께 일본 내수 시장만 해도 각각 15%씩 나눠 가질 정도로 양강 체제를 이룩하였다.

더 나아가 후지 필름은 이 같은 역진출 전략을 통해 단순히 경쟁자를 위협하는 정도가 아니라 경쟁자 이상의 혁신적 가치를 제공하는 기업으로 거듭나고자 노력하고 있다. 즉, 디지털 카메라의 대중화로 촬영분량이 늘면서 사진을 인화해 함께 나눠 보려는 문화가 확산되고 있는 것을 겨냥해 디지털 인화라는 새로운 시장을 만들고 있는 것이다. 실제로 일본의 경우 디지털 카메라를 쓰는 사람은 필름 카메라를 쓰는 사람에 비해 사진을 4배 이상 많이 찍고 있으며 그 중 30%가 디지털 인화점이나 홈 프린터를 이용한다는 점을 감안할 때 후지의 이와 같은 전략은 가히 혁신적이라 할 만하다.

또한 후지 필름은 디지털 카메라의 핵심 부품 사업에도 적극 진출했다. 디지털 카메라와 휴대폰 등에 탑재하는 CCD(선명도

를 높이는 제품)는 후지 필름 등 일본 5개 사가 세계 시장을 독점
하고 있으며, 그 규모는 7~8조를 기록해 세계 반도체(D램) 시장
의 3분의 1 규모에 이른다고 한다.

그렇다면 필름 업체 중 3위 업체였던 아그파는 어떻게 되었을
까? 예상한 대로 시장에서의 퇴출이다. 디지털 카메라라는 컨버
전스의 혁신에 대해 기존 사업만을 고수하다가 결국 필름 사업
을 포기하는 지경에 이르게 된 것이다. 2004년 벨기에의 이 회
사는 언론을 통해 주력 사업이던 필름 사업을 포기하고 사진 필
름 사업 부문을 1억 7,550만 유로(2억 1,500만 달러)에 매각하
는 대신, 의료 진단과 인쇄 장비 분야에 집중할 계획이라고 밝힌
바 있다.

컨버전스 시대에는 영역 파괴로 무수히 많은 사업들에서 예기
치 않은 경쟁자가 자사의 영역을 침범해 올 소지가 다분히 크다.
우리는 이 과정에서 아그파와 같이 기존 사업만 고수하다가 대
응의 기회를 잃어버리고 시장에서 도태되는 실수를 범해서는 안
될 것이다. 그보다는 코닥이나 후지 필름처럼 경쟁자의 영역을
역공해 더 이상 필름 소비가 줄어도 생존의 위협을 느끼지 않는
새로운 업체로 거듭나려는 발상의 전환이 필요하다. 변화에 보
수적인 경영자라면 한번쯤 꼭 되새겨 보아야 할 대목이다.

4. 제휴를 통해 진입 장벽을 구축하라

산업 · 영역 간의 경계가 허물어져 기존에는 경쟁자로 여기지
않았던 업체들이 새로운 라이벌로 부상하는 컨버전스 시대에는

모든 것을 혼자만 감당하려는 생각은 버려야 한다.

적극적으로 경쟁자의 공격을 막아내기로 마음을 정했으면 기존 사업자 간의 연대를 모색해 미래의 발전 방향 자체를 컨트롤하려는 노력이 필요하다는 말이다.

컴퓨터와 이동전화가 결합된 '스마트 폰'은 그 좋은 사례이다. 싸움의 시작은 휴대폰을 미래의 개인용 컴퓨터라고 여기는 마이크로소프트의 스마트 폰용 소프트웨어 사업 진출로 촉발되었다. 마이크로소프트가 PC 산업에서의 절대적인 지위와 축적된 노하우를 바탕으로 미래의 성장이 확실시되는 휴대폰 진영으로의 침투를 선언한 것이다.

이에 휴대폰 시장의 절대 강자인 노키아가 기존의 시장을 방어하기 위해 취한 방법은 기존 단말기 제조업체들 간의 연합전선인 '심비안(Symbian)'이라는 컨소시엄을 형성한 것이었다. 노키아를 비롯해 세계 2위인 모토롤라, 3위 삼성전자, 유럽 2위 지멘스 등 주요 단말기 제조업체들이 노키아에서 만든 소프트웨어만을 사용키로 합의, 마이크로소프트의 시장 진입을 막은 것이다. 최근에는 영국 휴대폰 제조업체 센도가 마이크로소프트의 소프트웨어 장착 약속을 철회하고 노키아 '60 시리즈'를 채택하기에 이른다.

2002년 말 현재 심비안 진영은 전체 휴대폰 시장에서 80% 이상의 점유율을 확보, 일단은 마이크로소프트의 침입에 성공적인 방어막을 형성했다고 보여진다. 2007년까지 70% 정도의 시장점유율을 지켜내어 산업의 표준으로 자리잡을 가능성이 한층

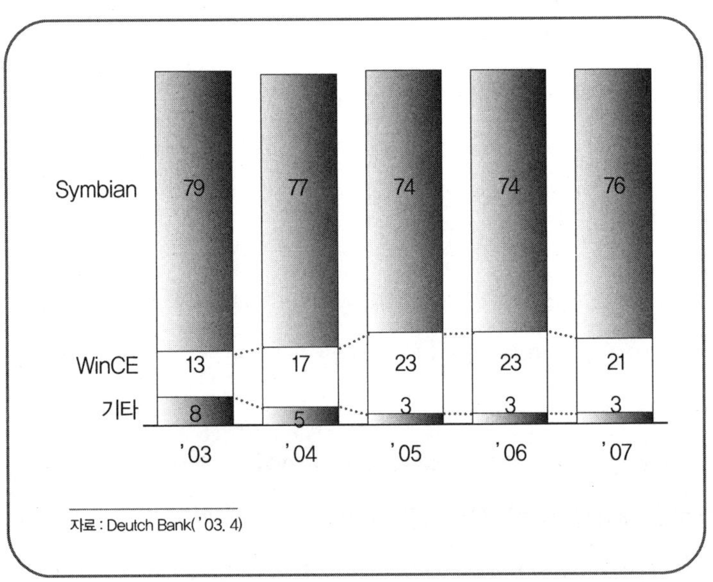

더 커지고 있다. (〈그림 6.4〉 참조).

2004년 2분기 최근 월스트리트의 보고에 의해서도 심비안이 세계 스마트 폰 출하량의 41%를 차지해 지난 해 같은 기간 37%에 비해 훨씬 증가했다고 밝혔다.

5. 전면전을 피하고 핵심 역량 위주로 재포지셔닝하라

신문을 보면 가끔 '자존심을 건 한 판' 등과 같은 용어가 종종 오르내린다. 흔히들 경쟁업체와의 전면전을 비유할 때 자주 쓰는 말이다.

컨버전스가 진행되면 이와 같은 '자존심을 건 한 판'이 더욱 많아질 양상이다. 왜냐하면 기존 업체들이 오랜 기간 노력을 들여 경쟁구도를 형성해 놓은 시장에 새로운 경쟁자가 침입한 형국이기 때문이다.

그러나 이 과정에서 기존의 기업들이 특히 유의할 점은, 새로운 신생 기업과의 소모적인 전쟁을 피하라는 점이다. 기업의 생존을 위협할지도 모르는 중요한 의사결정의 과정에서 자존심을 운운하는 것은 벌써 시작부터 잘못된 일이다.

실제로 방어를 하는 대부분의 기업들은 오랫동안 시장을 지배해 온 타성으로 인해 새로운 흐름을 등에 업고 들어오는 경쟁자들을 상대하기에는 역부족인 경우가 많다. 그 기술이 혁신적일수록 더욱 그러하다.

가장 합리적인 의사결정은 기업의 현재 수익과 미래의 장기적 성장 가능성을 확보하는 데 초점을 맞추는 것이다. 컨버전스로 경쟁이 확대되는 시점에서 무턱대고 전면전을 선포하는 것은 경쟁자의 장점이 가장 잘 드러나는 전쟁터에서 자사의 장점을 부각시킬 기회를 상실하면서 싸우는 것과 같은 어리석은 일이다.

그렇다면 대안은 무엇인가?

바로 자사의 핵심 역량을 위주로 다시 포지셔닝하는 것이다. 이는 영역 파괴가 진행되는 과정에서 향후 자사의 핵심 역할이 무엇이 될지를 먼저 명확히 규정해 자신이 가장 잘 할 수 있는 분야로 게임의 룰을 다시 설정하는 것을 말한다. 그 결과 경쟁자들이 쉽게 모방할 수 없는 높은 진입 장벽을 쌓는 부수적인 효과도 얻게 된다.

실제로 마이크로소프트는 인터넷 관련 애플리케이션들이 폭발적으로 증가하는 현상에 직면하여 이들과의 전면전을 탈피, 오히려 이 모든 애플리케이션이 돌아가는 소프트웨어의 개발에 주력했다.

IBM의 경우도 PC 중심의 사업은 시스코와 같은 인터넷 네트워킹 사업이나 마이크로소프트와 같은 소프트웨어 사업에 경쟁의 주도권을 빼앗겼지만, 유통과 서비스업으로 재포지셔닝해 위기를 피할 수 있었다. 자사의 유통 채널을 경쟁자에게도 제공해주고, 컨설팅과 같은 솔루션 중심의 서비스업으로 적극 변신해 지난해에만도 80억 달러의 흑자를 기록하기에 이른다.

마이크로소프트나 IBM 사례 모두 잠재적인 경쟁자와의 출혈 경쟁을 피하고 오히려 영역 파괴를 기회로 삼아 지속적인 고성장을 구가할 수 있는 가능성을 보여주고 있음을 간과해서는 안 될 것이다.

무분별한 융합화 · 복합화는 경계해야……

이상으로 디지털 컨버전스 시대의 의미와 이에 대응하는 기업의 생존 전략을 살펴보았다. 앞으로도 디지털 컨버전스가 기업의 경쟁력을 좌우하는 큰 흐름으로 작용할 것이라는 점에서 향후 기업들의 대응은 더욱 가속화 될 전망이다. 개별 기업들의 끊임없는 역량 배양과 기술 확보의 노력이 필요한 대목이다.

그러나 한 가지 주의할 점은 이 과정에서 무분별한 디지털 컨버전스화는 반드시 경계해야 한다는 것이다. 기존의 기능들을 무조건 결합한다고 해서 시장의 성공을 보장받는 것은 아니기 때문이다.

소비자의 니즈를 정확히 읽어 그에 합당한 제품이나 서비스를 제공할 수 있을 때에만 컨버전스의 시장 침투는 성공할 수 있다.

예를 들어, 요즘 유행하는 MP3폰은 몇 해 전만 해도 시장에서는 실패한 제품으로 간주되었던 상품이었다. 휴대폰에 MP3를 달아놓았지만 기능도 뒤떨어졌고 음질도 나빴으며 결정적으로 메모리 용량이 부족하여 원하는 분량의 곡을 저장하기 어려웠기 때문이다.

그러나 최근 다시 출시된 MP3의 반응은 폭발적이다. 기존 MP3에 비해 결코 성능이 뒤떨어지지 않는다는 점도 중요하게 어필했겠지만 그보다는 소비자의 제품에 대한 반응이 그만큼 무르익었을 때 제품이 시장에 출시되었기 때문이라는 점이 더 옳은 판단이다.

기업들은 모든 제품이나 서비스의 출발이자 끝이 결국 고객에 대한 가치 창조에 있음을 명심해야 한다. 소비자의 니즈를 제대로 반영하지 못하는 단순한 결합은 결국 실패로 이어질 뿐이다. 기업의 장기적인 경쟁력 차원에서 긴 호흡을 가지고 끊임없이 준비하는 노력이 필요한 때다.

내 손 안의 작은 세상, 모바일 컨버전스

'내 손 안의 작은 세상' 으로 표현되는 휴대폰은 컨버전스로
이루어지는 변화의 움직임 중에서도 가장 핵심에 위치하고 있다.
바야흐로 휴대폰이 모든 정보기기 사이의
허브 역할을 할 수 있는 시대가 열리고 있는 것이다.
모바일 컨버전스라는 변화 트렌드를 기업의 경영전략으로
활용할 수 있는 5가지 성공 조건을 살펴본다.

'모바일 컨버전스 시대' 의 도래

퓨전, 컨버전스 등은 이제 더 이상 새로운 개념이 아니다. 이제 사람들은 서로 다른 기술이나 서비스 및 제품들의 유사화 또는 복합화에 따른 융합 비즈니스가 21세기의 주류를 이룰 것이라는 데는 아무도 이의를 달지 않는다.

'내 손 안의 작은 세상' 으로 표현되는 휴대폰은 이러한 컨버전스를 통한 변화의 움직임 중에서도 가장 핵심에 위치하고 있다.

과거에는 음성통화가 휴대폰 사용의 주된 목적이었다지만 휴대성과 개인성을 확보한 기기의 특성과 고객의 요구가 맞물리면서 휴대폰은 더 이상 단순한 의사소통 기구에 머물지 않고 있다. 300만 화소급 이상의 디지털 카메라, 게임기, 캠코더, TV 수신기, 네비게이터, MP3, 무전기, 메신저까지 내장된 똑똑한 휴대폰이 속속 등장하고 있는 것이 그 좋은 예이다. 심지어는 휴대폰으로 TV나 오디오, 에어컨 등 가전제품은 물론 노래방 기기까지 제어할 수 있는 '휴대폰 리모컨' 시대가 열리고 있다.

기존의 통신 기술이 지닌 속도와 가격, 전송품질 등의 한계를 극복한 4G를 바탕으로 새롭게 펼쳐질 유·무선 통합의 초고속 서비스 시대에도 그 핵심 기기로 진화할 휴대폰의 미래는 여전히 밝다.

실제로 최근 정보통신부가 국가 신성장 엔진으로 규정하며 제2의 이동통신 신화(CDMA)로 삼겠다고 야심차게 추진하고 있는 휴대 인터넷에서도 그 핵심 단말기는 휴대폰이 진화된 형태일 가능성이 크다.

〈그림 7.1〉과 같이 국내 정부기관의 연구자료에 의하면 과반수 이상의 소비자들이 휴대 인터넷의 선호 단말기로 휴대폰형 소형 단말기를 원하고 있음을 알 수 있다. 그 순서는 휴대폰형 소형 단말기→노트북→PDA→Handheld PC의 차례다.

이는 소비자들이 향후 휴대 인터넷과 같은 미래의 신규 서비스가 제공된다고 해도 선호하는 단말기는 여전히 휴대폰형의 소형 단말기임을 강하게 원하고 있다는 점을 시사하는 것이다. 손으로 들고 다니는 PDA까지 합칠 경우 전체 소비자의 71% 이상이 휴대폰이 진화한 스마트 폰 형태의 단말기를 선호한다는 사실은 이러한 사실을 잘 보여주는 부분이다.

휴대 인터넷 (WiBro)

시속 60Km의 속도로 이동하는 중에도 인터넷에 접속하여 대용량의 데이터를 주고 받을 수 있는 휴대 인터넷으로 기존 유·무선 초고속 인터넷은 물론 이동전화와 결합하면서 새로운 서비스의 장을 열 것으로 기대되는 통신 서비스다.

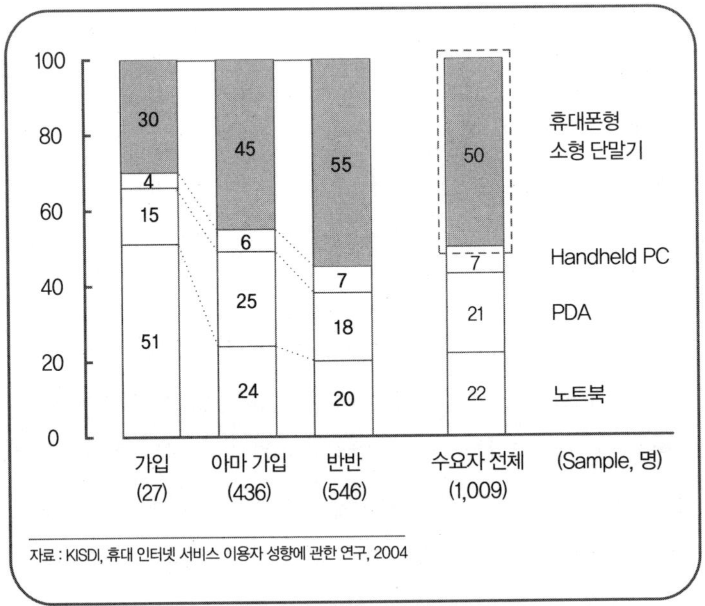

특히, 휴대 인터넷의 경우 그 서비스의 개념이란 사용자가 정지 및 이동중에도 언제, 어디서나 고속으로 무선 인터넷 접속이 가능토록 만든 것이다. 이는 유·무선 통합을 조기에 실현할 수 있는 차세대 신기술로 여겨지고 있기 때문에 그 핵심 단말기가 무엇이 될지는 관련업계에 미치는 파급 효과는 상상할 수 없을 만큼 커다란 것이다.

물론 미래의 휴대폰은 지금과 같은 모습은 아닐 것이다. 휴대폰은 개인용 멀티미디어 기기로 진화하여 현재의 휴대폰에서 그 기능과 활용 영역을 더욱 확대해 인간의 생활과 관련한 모든 기

〈그림 7.2〉 모바일 컨버전스 시대의 도래

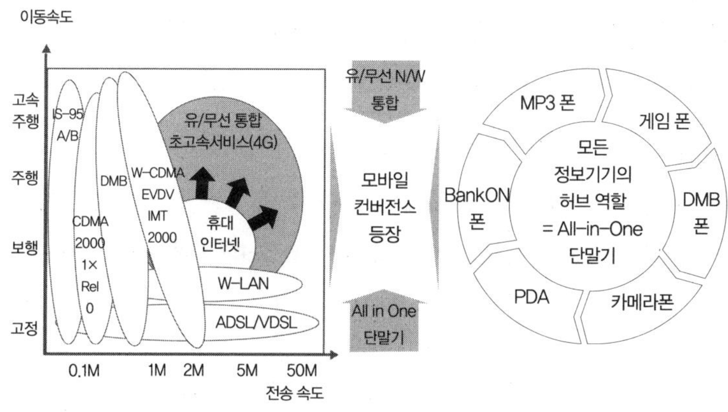

능을 통합한 만능 전자 기기의 형태로 진화할 것이다.

외국의 사례를 보아도 미래의 유·무선 통합 환경을 위해서는 휴대폰의 기능과 활용 영역을 더욱 확대해 인간의 생활과 관련된 모든 기능을 통합한 '올인원(All-in-one)' 단말기의 개발은 필수적임을 알 수 있다(〈그림 7.2〉 참조).

실제로 이와 같은 컨버전스 형의 결합 단말기의 개발을 위해서는 어제의 적과도 기꺼이 협력을 도모하는 모습이다. 예를 들어, 영국의 지배적 사업자인 BT는 경쟁사인 보다폰과 손잡고 유·무선 통합 전략을 추진하는 '블루폰(Bluephone)' 전략을 추진하고 있다.

특히, BT와 보다폰은 지난 1990년대 말까지 영국 이동통신 시장을 복점하는 등 오랜 경쟁 관계를 유지해 온 터라 숙적의 두 라이벌이 손을 잡았다며 언론에서조차 대서특필했을 정도다.

블루폰 전략의 핵심은 제휴를 통해 과거 원폰 사업에서 실패의 원인으로 지목되었던 결합 단말기 개발과 보급 문제를 해결하기 위해 알카텔, 에릭슨, 모토롤라 등 총 7개 사업자와 프로젝트를 공동으로 추진하기로 결정한 것이다.

BT는 2004년 여름 블루폰의 시범 서비스를 실시한 후, 연내에 블루폰 단말기를 시작할 계획이라고 한다. 이를 통해 유럽시장에서 유·무선 통합 분야를 선점하려는 의도가 다분히 깔려있다.

모바일 컨버전스는 또한 국내 통신 사업자들에게도 새로운 활로로 인식되고 있다. 최근 수년간 국내 통신시장을 견인해 온 초고속 인터넷 서비스와 이동통신 서비스가 시장의 포화로 정체기에 접어든 상황에서 다양한 영역을 결합한 컨버전스 서비스야말로 새로운 성장 동력으로 각광받고 있다.

예를 들어, 휴대폰으로 위성방송을 보는 위성 DMB, 이동중에 초고속을 즐기는 휴대 인터넷, 가정에서는 유선전화로 외부에서는 무선이동통신 전화기로 사용하는 원폰 서비스, 휴대폰으로 은행 결제를 간단히 해결하는 모바일 뱅킹 등의 시장 규모는 각각 수조 원대에 육박하는 것으로 분석되고 있다.

이처럼 컨버전스에 대한 접근 방법은 다양한 형태로 나타나고 있지만, 본질적으로는 휴대전화와 같은 미래형 단말기를 통해 정지 및 이동중에 언제 어디서나 빠른 속도로 인터넷에 접속해 다양한 정보 및 컨텐츠를 이용할 수 있는 유비쿼터스 서비스라는 공통된 지향점을 보여주고 있다.

결국 미래 휴대 전화의 모습은 전자결제, 카메라, 캠코더 기능 등과 같은 다양한 기능을 추가해 나가면서 스마트 폰으로 발전한 뒤 유비쿼터스의 허브 기기로 발전해 나갈 것이라는 점이 전문가들의 공통된 의견이다.

휴대폰이 모든 정보기기 사이의 허브 역할을 할 수 있는 시대, 이것이 바로 모바일 컨버전스가 꿈꾸는 세상이다.

가치 사슬의 재구성

모바일 컨버전스의 사업적인 의미를 살펴보기 위해서는 이동 통신 서비스의 가치 사슬 분석이 선행되어야 한다.

예컨대, 기존의 가치 사슬이란 유선과 무선, 혹은 방송 등과 같이 전파 매체 위주로 구분되었던 것이 사실이다. 그러나 모바일 컨버전스가 시작되면 기존의 가치 사슬은 급격히 해체된다.

즉, 매체 위주의 수직적 분할에서 서비스 위주의 수평적 분할 구조로 전환된다는 말이다. 이 말은 같은 무선 내라도 TV, 무선 데이터, 증권 서비스 등과 같이 응용 서비스의 차원에서 새로운 가치 사슬이 형성된다는 의미다. 이 경우 TV라는 서비스 자체가 유효할 뿐이지, 더 이상 유선이냐 무선이냐의 구분은 무의미해진다.

이와 같은 가치 사슬의 재구성은 새로운 영역에서의 경쟁을 유도해 기존의 게임 룰을 크게 뒤바꿀 수 있는 기회를 제공한다. 예를 들어보자. 지상파 DMB 서비스를 통해 기존의 데이터 서비스로 비싸게 보던 모바일 TV를 공짜와 같은 가격에 고화질로 받아 볼 수 있다면 어떻게 될까? 기존 TV 산업이 가정이라는 공간의 제약을 극복하고 휴대폰을 이용한 새로운 비즈니스 모델로 재탄생할 수 있는 계기가 될 수 있다.

인터넷망을 활용한 인터넷폰(VoIP) 전화기로 가입자 간에 공짜로 무제한 음성통화를 즐길 수 있다면 어떻게 될까? 기존의 음성 위주의 이동전화는 더 이상 통신 사업자의 수익원이 될 수 없으며, 초고속 이동통신처럼 사람들은 월 일정액만 부담하면 추가적인 금액이 필요없이 자유롭게 음성과 데이터를 주고받을 수 있게 된다.

실제로 많은 기업들이 이미 이와 같은 산업 환경의 변화를 자사의 기회로 활용하기 위해 적극적으로 대응하고 있다. 세계 최대의 단말기 제조업체인 노키아의 경우도 컨버전스 환경에 민첩하게 대응하지 못한다는 기존의 불식을 씻고 음성통화 위주의 제품에서 탈피, 부가적인 기능을 통한 차별화의 움직임이 뚜렷해지고 있다.

〈그림 7.3〉을 보면 노키아의 경우, 기존의 음성통화만으로 고려했던 타깃 고객 선정을 크게 변화시키고 있다. 즉, 음성통화만을 했을 때 기본형-표현형-활동형-클래식형-패션형-프리미엄형으로 구분하던 휴대폰의 속성을 음성통화의 벽을 넘어 컨버전스형 단말기로 그 영역을 확대하고 있는 것이다. 그 형태는 게임기와 같은 엔터테인먼트형이라든지, 카메라와 같은 이미징

〈그림 7.3〉 모바일 컨버전스를 통한 노키아의 가치 사슬 확장

기능 →

라이프 스타일	음성통화형	엔터테인먼트형	이미징형	미디어형	비즈니스 애플리케이션형
프리미엄					
패션			7600 (2004년)	← '04년 출시 예정	
클래식		N-Gage	7650	7700	9210
활동형		'03년 출시 예정 ↘			'02년 출시
표현형		5510	3650		
기본형					

↳ 90년대 출시

형, 다양한 데이터 서비스를 바탕으로 한 미디어형, 컴퓨팅 기능을 강화한 비즈니스 애플리케이션형 등으로 표현되고 있다.

노키아는 이를 통해 고객의 라이프 스타일을 바탕으로 구분한 기존의 시장에 엔터테인먼트형, 이미징형, 미디어형, 비즈니스 애플리케이션형 등의 다섯 가지 새로운 기능을 추가함으로써 기존의 음성통화로만 생각해서는 보이지 않던 새롭고 성장성이 큰 잠재 시장을 발견해냈다. (〈사례. 휴대폰과 엔터테인먼트의 만남 : 노키아의 N게이지〉참조)

휴대폰과 엔터테인먼트의 만남 :
노키아의 N-Gage

자료 : Business Week(2003. 10.), Deutche Bank 리포트(2003. 10.) 및 신문기사 참조

노키아는 N-Gage를 통한 게임 산업으로의 진출을 통해 미래 성장 동력을 확보하며 다가올 모바일 컨버전스 시대를 가속화하고 있다.

2003년 10월 7일에 전 세계적으로 판매되기 시작한 노키아의 N-Gage는 2주 만에 40만 대가 팔렸다. N-Gage는 노키아가 야심적으로 추진하는 차세대 핵심 사업이며, 개당 가격은 대략 300달러 수준으로 3D 게임과 스테레오 사운드 등을 갖춘 최신 게임기형 휴대폰이다.

겉모양만 보아서는 어른을 위한 게임 보이(Game Boy)라고 보면 좋을 듯해 보이지만 이 기기에는 휴대폰 기능, 문자 전송, FM 라디오, 디지털 뮤직 플레이어 등이 녹아들어 있는 한마디로 최첨단 모바일 컨버전스 제품이다.

실제로 노키아가 이 사업을 바라보는 입장은 장난 삼아 해보는 정도의 수준이 결코 아니다. 언론에 공개된 경영 목표에 따르면 향후 2년 동안 600만~900만 대의 N-Gage 콘솔을 팔 생각이며, 이를 통해 1억 달러 이상의 매출 증대를 기대하고 있다고

한다. 이미 N-Gage의 개발만을 위해서 수천만 달러의 연구 자금을 쏟아부었음은 물론이다.

노키아가 N-Gage 사업에 많은 자금과 노력을 투입하는 이유는 분명하다. 경쟁 심화로 인해 범용화가 진행되고 있는 휴대폰 부분에서는 수익성이 악화되고 있으며 향후 성장의 여지가 없다는 비판에 직면해 있기 때문이다.

실제로 메릴린치 증권사는 올해 노키아의 휴대전화 단말기 판매 대수는 작년에 비해 12% 증가하겠지만 가격 인하로 인해 오히려 판매액은 1.4%가 줄어들 것으로 전망했다. 올 2/4분기 순이익은 작년 동기 대비 27%나 감소했다.

이러한 상황에서 모바일 컨버전스는 현재의 핵심 사업을 확고히 해주고 더 나아가 미래의 성장사업에도 진출할 수 있는 일석이조의 효과를 지닌 사업이다.

예를 들어, 모바일 게임의 업그레이드, 게임 캐릭터 등을 온라인으로 서비스하여 통신 사용료를 부가할 수 있으며 게임기라는 단순 하드웨어 판매를 넘어 소프트웨어 사업까지 진출할 경우 매년 1억 5,000만 달러 이상의 추가적인 수입 기회를 예상할 수 있다(1,000만 명 정도의 N-Gage 사용자가 1년에 3개 정도의 게임 소프트웨어를 구입한다는 가정 시).

2004년 후에는 세로 화면보다 가로 화면이 긴 대형 화면, 더 높은 해상도, 휴대폰용과 데이터용을 별도로 분리해 제공되는 2개의 배터리, 게임의 편이성을 높이기 위한 버튼 및 외형 구조의 혁신 등을 채용한 N-Gage Ⅱ로 컨버전스의 속도를 더욱 가속화할 예정이라고 한다.

모바일 컨버전스 활용을 위한
성공 조건 5가지

모바일 컨버전스는 기업의 경영 환경에 커다란 변화를 주는 경영상의 큰 트렌드임에는 분명하다. 그렇다면 기업들이 이러한 변화의 트렌드를 활용하는 방안은 무엇일까? 특히, 국내에도 조만간 다수의 통신 사업자들이 휴대 인터넷, 위성 DMB 등을 통해 본격적인 컨버전스 상품을 선보일 예정이라는 점에서 이와 같은 질문에 대한 해답을 찾는 것은 여러 가지 면에서 유용한 일이 될 것이다. 선진 기업의 사례를 중심으로 모바일 컨버전스 활용을 위한 5가지 성공 조건을 살펴보았다.

모바일 컨버전스 활용을 위한 성공 조건 5가지

1. 컨버전스형 新 단말기의 개발이 선행되어야 한다
2. 핵심 부품에 대한 동반 발전을 추구해야 한다
3. 채널에 기반한 신규 마케팅 전략 수립은 기본이다
4. 공급자보다는 사용자 위주의 서비스가 우선이다
5. 비용 절감이 아닌 새로운 서비스 창출을 위한 컨버전스로 승부하라

---

1. 컨버전스형 新 단말기의 개발이 선행되어야 한다

휴대폰의 외형은 계속해서 진화하고 있다. 국내에 바(Bar) 타입의 휴대폰이 맨처음 소개된 이래, 아래 부분을 여닫는 폴립형을 지나 이제는 조개처럼 위 아래를 접을 수 있는 폴더형이 시장의 대부분을 차지하고 있다.

폴더형의 휴대폰이 시장을 지배하면서 휴대폰의 모습은 작고, 가벼운 형태만이 시장에서 살아 남을 수 있게 되었다. 기업들은 시장의 표준처럼 되어 버린 폴더형의 디자인 하에서 더 작고, 얇고, 가벼운 휴대폰을 만들기 위한 치열한 경쟁을 벌였다.

이러한 휴대폰의 외양이 유지될 수 있었던 이유는 무엇일까? 바로 소비자의 사용 패턴과 밀접한 연관이 있다. 즉, 음성통화가 휴대폰 사용의 대부분의 이유를 차지하는 상황에서 굳이 휴대폰이 크거나 무거울 필요가 없었다는 말이다.

그러나 컨버전스화가 진행되어 가면서 휴대폰의 기능이 복합화, 지능화됨에 따라 지금의 휴대폰은 박형, 소형 휴대폰 등과 같은 과거의 선호에서 탈피하는 경향을 보이고 있다. 미래의 휴대폰은 더 이상 음성(Voice) 위주의 통화 수단이 아닌 멀티미디어 기능을 포괄하는 데이터(data) 중심의 기기로 거듭나고 있는 것이다. 〈그림 7.4〉에서와 같이 향후 국내 통신 시장의 경우 유선과 무선 분야 모두 일반전화 기능을 하는 음성(Voice) 부분의 매출은 정체되거나 감소되는 반면, 데이터 부분의 매출은 괄목할 만한 신장을 기록할 것으로 예상되고 있다.

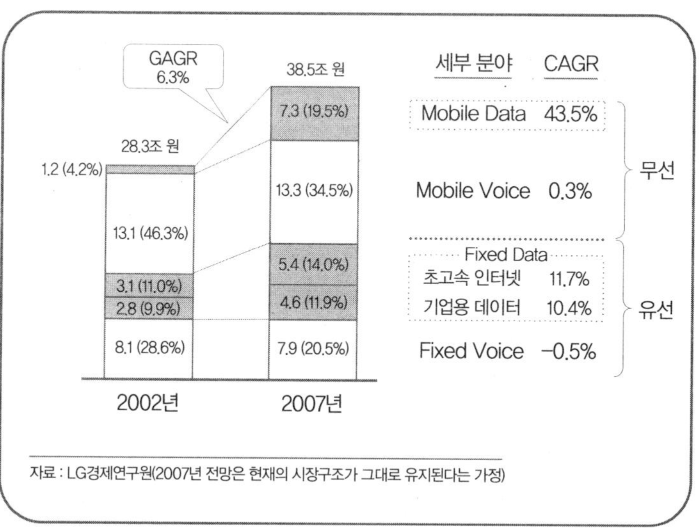

〈그림 7.4〉 통신 서비스 시장의 구조 변화 전망

(단위 : 조 원)

2002년 전체 통신 시장에서 4.2%에 불과하던 무선 데이터 부분은 휴대폰을 통한 무선 인터넷의 활성화를 바탕으로 2007년에는 7조 이상의 매출을 기록하며 전체 시장의 19.5% 이상을 차지하는 높은 성장세를 실현할 전망이다. 이는 연평균성장률로 환산하면 43.5% 이상의 고성장인 것으로 10%를 맴도는 같은 데이터 부분인 유선 데이터보다도 4배 이상 높은 성장인 것이다.

실제로 SKT의 준(Junn)이나 KTF의 핌(fimm)과 같이 최근에 출시된 멀티미디어가 가능한 EV-DO 전용 폰들만 보아도 이전처럼 작고 가벼운 모양의 단말기가 아니다. 오히려 커다란 대형 화면에 두껍고 무거운 단말기가 부활했음을 알 수 있다.

문제는 손에 들고 다니기 편한 휴대성의 개념과 다양한 컨버전스의 기능이 첨가되는 기능성의 개념은 서로 배타적인 관계라는 점이다. 예를 들어, 인터넷이나 게임 등을 자유롭게 사용할 수준의 단말기는 적어도 현재 출시되는 PDA 크기 이상의 대형 화면을 보유해야 하는데, 이 경우 한 손에 쏙 들어오는 지금과 같은 작은 휴대폰의 외양과 디자인의 적용은 매우 어려운 일이 되고 마는 것이다.

멀티미디어를 통한 컨버전스가 활발히 진행되고 있는 일본에서는 휴대폰 자체의 외양이 다양한 모습으로 변화하고 있다.

디지털 카메라 기능을 내장한 NTT 도코모의 D505i와 SO505i가 그 대표적인 경우로 100만 화소가 넘어가면서 보다 안정된 촬영을 위해 휴대폰의 크기와 디자인 자체가 기존의 디지털 카메라를 닮아가고 있다.

최근 우리 나라의 삼성전자도 세계 최초로 연속광학 3배 줌을 실현한 300만 화소의 디지털 카메라폰(SPH-S2300)을 출시해 많은 관심을 끌었는데, 그 모양을 보면 더 이상 휴대폰의 외향이 아니라 기존의 디지털 카메라와 매우 흡사하다.

삼성의 휴대폰은 전면 디자인은 디지털 카메라, 후면 디자인은 휴대폰이다. 디지털 카메라 디자인을 살리기 위해 안테나를 기기 속으로 내장시켰으며, 전원 버튼·줌 버튼·셔터 버튼·메뉴 버튼 등 디지털 카메라에 필요한 버튼들을 일반 디지털 카메라와 같은 위치에 배치함으로써 디지털 카메라를 사용할 때와 똑같은 느낌을 갖도록 하였다.

휴대폰과 게임기를 융합한 노키아의 엔게이지(N-Gage) 역시 더 이상 이전의 휴대폰의 모습이 아니다. 게임기와 같이 넓은 방사선형의 외관을 유지해 사용자가 휴대폰으로 게임을 하는데 아무런 무리가 없도록 하고 있는 것이다.

앞으로도 컨버전스를 통한 기능의 융합화 · 복합화가 진행되면서 휴대폰의 디자인은 더욱 변하기 마련일 것이다. 이 과정에서 새로운 컨버전스 제품이 출시될 때마다 주력 디자인이 되기 위한 경쟁은 더욱 치열해질 것임은 물론이다.

제품의 컨셉 및 디자인에 대한 고정관념에서 벗어나 폴더형의 뒤를 이을 차세대 주력 디자인의 창출을 위한 국내 업체들의 분발이 필요한 대목이다.

2. 핵심 부품에 대한 동반 발전을 추구해야 한다

모바일 컨버전스가 확대될 수 있는 가장 큰 전제조건 중의 하나는 모든 기기를 이동중에 사용할 수 있어야 한다는 점이다. 이 같은 이동성을 보장하기 위해서는 기존의 부품과는 달리 모바일에 특화한 핵심 부품의 개발이 필수적이다. 왜냐하면 휴대폰이라는 조그만 기기에 모든 기능을 담아 넣을 수가 있어야 하기 때문이다.

예를 들어, 기존의 충전식 배터리를 탈피해 스스로 에너지를 만들어 내는 연료 전지, 키보드를 대신할 적외선 입 · 출력 장치,

나노 기술을 활용한 초소형 대용량 메모리, 다양한 컨버전스 기능을 하나의 프로세스로 구현하는 원칩(One-chip) 등과 같은 핵심 부품의 개발 여부가 향후 더욱 중요해진다는 말이다.

앞서 언급한 BT와 보다폰의 원폰 서비스인 '블루폰'의 경우도 이와 동일한 맥락의 사례다. 원폰과 같은 결합 서비스를 제공하기 위해 알카텔(Alcatel)이 주축이 되어 컨버전스형 핵심 단말기를 개발토록 한 것이다.

〈표 7.1〉와 같이 블루폰 프로젝트에서 알카텔은 7개 사업자들의 역할을 조정하는 프로젝트 매니저 역할을 맡고, 모토롤라가 기업용 솔루션 및 블루폰 단말기를 개발하기로 하는 등 7개 업체가 각각 핵심 역할을 맡기로 상호 합의해 시너지를 높일 계획이

〈표 7.1〉 '블루폰' 프로젝트 참여 사업자들의 현황 및 협력 분야

사업자	협력 분야
Alcatel	· Project Manager의 역할 수행(7개 사업자의 역할 조정) · 액세스 포인트와 공중망 간의 시스템 암호화 및 IP 보안 제공
Inventel	· 일반 대상 가입자 및 기업 대상 액세스 포털 제공
Ericsson	· UMA 솔루션을 지원하는 액세스 브릿지 및 액세스 포인트 기술 제공
IVT	· 일반 대상 가입자 및 기업 대상 액세스 포털 제공
MBT	· OSS, BSS 개발 및 통합 제공
Motorola	· 기업용 솔루션 및 Bluephone 단말기 개발
Norwood Systems	· Wi-Fi 솔루션 개발 · 유 · 무선 통합 플랫폼 지원

자료 : Alcatel Press 2004

라고 한다. 이처럼 향후 모바일 컨버전스가 확대되는 시기에는 기업 스스로 모든 것을 다 해내려는 노력은 불필요한 것이다. 오히려 많은 경우, 파트너십을 근간으로 핵심 부품을 확보하려는 노력이 사업의 승패를 결정짓는 경쟁력의 원천으로 작용할 전망이다.

2003년 초 카메라폰이라는 융합상품이 인기를 끌면서 카메라 모듈에 대한 원활한 부품 소싱이 되지 않아 국내의 대부분 사업 담당 임원들이 일본에 건너가 읍소하며 관련 부품을 조달했던 사실은 이와 같은 부품의 중요성을 단적으로 보여주는 사례다. 이밖에도 야마하 등이 가지고 있는 휴대폰 벨소리의 음원 기술도 같은 공급부족 현상을 겪은 바 있으며, 동일한 이유에서 핵심 기술을 가지고 있는 일본 기업들과의 원활한 부품 공급이 국내 휴대폰 사업의 성공요소로 부각되기조차 했었다.

앞으로도 컨버전스의 진행 상태에 따라 무수히 많은 필수 핵심 부품들이 등장할 것이라는 점에서, 핵심 부품에 대한 동반 발전의 여부는 미래의 휴대폰 사업에 있어 크나큰 제약 조건으로 작용할 것이다. 성공하는 기업의 게임 법칙은 핵심 부품의 제약 상황을 얼마나 잘, 그리고 빨리 극복하느냐에 크게 좌우될 것이라 시사하는 대목이다.

이와 같은 부품 공급업체와 완제품 업체 간의 윈윈(Win-Win)을 추구하는 해법은 핵심 파트너들과의 관계 유지를 통한 '전략적 소싱'이다. 전략적 소싱의 경우 노키아와 산요가 차세대 배터리를 개발하면서 이룬 협력적 관계에서 잘 나타난다.

즉, 세계 최대 2차 전지 메이커인 산요와 세계 최대 휴대폰 생산업체인 노키아가 전략적 협력을 맺고 지금과 같은 착탈식이 아닌 내장형 휴대폰 배터리를 개발하기로 한 것이다. 왜냐하면, 노키아의 경우 향후 휴대폰의 쓸모없는 공간을 줄이고 제조의 용이성을 높이기 위해 내장형 배터리 개발을 원했고 이를 위해 산요와 전략적 제휴를 하게 된 것이다.

이 과정에서 노키아는 세계 최대 휴대폰 메이커의 이점을 살려 물량을 보존해 주는 대가로 산요가 노키아의 휴대폰에만 독점적으로 신개념의 배터리를 독자적으로 개발해 준 것이다. 이와 같은 협력 관계를 통해 노키아는 핵심 부품 소싱에 대한 리스크를 제거하고, 산요는 노키아라는 대형 고객과의 관계를 더욱 공고히 할 수 있는 계기로 삼을 수 있었다.

미래의 컨버전스 시대를 이끌기 위해서는 이처럼 초기 단계부터의 개발 협력을 통해 시장 개발에 대한 리스크를 서로 나누어 가지면서 시장 자체의 파이를 함께 키워나갈 수 있도록 노력하는 것이 무엇보다 중요하다. 부품 업체와 셋트 업체 간의 긴밀한 협조를 통해 동반 발전을 추구하려는 노력이 무엇보다 중요한 것도 바로 이러한 이유에서다.

3. 채널에 기반한 신규 마케팅 전략 수립은 기본이다

실제 고객을 위한 판매에 있어서는 제품의 컨버전스 뿐만 아니라 영업 전략 측면에서의 컨버전스 마케팅 역시 필요하다.

예를 들어, 300만 화소 이상의 카메라를 장착한 휴대폰을 카메라 가게에서 사는 것은 왜 불가능한 것일까? MP3 플레이어를 장착한 휴대폰을 음반 가게에서 구입하는 것 역시 불가능한 일만은 아닐 것이라는 점이다.

물론 그 동안의 유통 관행을 무시한 급격한 변화는 어려울 것이다. 그러나 향후 휴대폰을 통한 컨버전스의 현상이 급속히 진행되면 과거의 유통망은 전면 재조정이 필요할 수 있다.

이 경우 판매 채널의 원칙은 고객이 원하는 방식으로 상호작용을 할 수 있는 것으로 되어야 한다. 이와 같은 상호작용을 설명하기 위해서는 인터넷 비즈니스가 처음 소개되었을 때 빚어진 온라인과 오프라인의 갈등 문제가 훌륭한 교훈이 될 것이다.

많은 사람들은 한때 온라인과 오프라인의 매장이 동시에 설립될 경우, 온라인이 오프라인의 매장을 대신할 것을 우려한 목소리들이 있었음을 기억할 것이다. 실제로 많은 의류 매장들이 기존 매출의 잠식을 우려해 온라인 매장 개설을 포기한 사례도 빈번했다.

그러나 인터넷 비즈니스의 거품이 사그라든 지금, 인터넷은 사람들에게 단지 보완의 수단임에 불과함이 판명되었다. 사람들은 그것이 온라인이든 오프라인이든 자신들이 원하는 방식에 따라 그 순간 순간에 자신에게 가장 편안하고 유리한 채널을 선택해 상호작용을 하기를 원했던 것이다.

서점으로 유명한 미국의 반스앤노블이 자사의 오프라인 매장에 전자식 키오스크를 설치하고 고객은 온라인 검색엔진을 통해 전체 도서를 보관하고 있는 창고를 가상으로 가볼 수 있게 만들어 준 것처럼 온라인과 오프라인을 조화롭게 보완재로 인식하는 것이야말로 컨버전스 시대 마케팅의 기본이 되는 것이다.

특히, 채널이 달라도 고객은 똑같이 대우해 주어야 한다는 점은 잊어서는 안 된다. 예를 들어 단순하게 가격할인만을 차별화로 내세워 온라인과 오프라인의 가격을 다르게 가져가는 것은 지극히 어리석은 일이다. 불평등하게 대우 받은 소비자들의 강력한 반발에 부딪칠 것이 뻔하기 때문이다.

이러한 접근이야말로 채널의 잘못된 활용으로 인해 컨버전스가 자사의 매출을 오히려 갉아먹는 계기가 될지도 모르는 실수를 가져올 수 있다. 가격 결정에서 반품, 서비스 등 비즈니스 시스템의 전반에 걸쳐 고객은 평등하게 대우 받기를 원한다는 사실을 결코 잊어서는 안 된다.

이와 더불어 미래의 진화 방향에 대한 경로를 관리하는 것 또한 매우 중요한 의미를 지닌다. 컨버전스가 진행되더라도 결국은 하나의 커다란 진화 방향이 보일 것이며, 시장 주도적인 혁신의 흐름이 포착되기 전에 이 같은 진화 방향에 적극적으로 대처해야 한다.

미국의 운송회사인 UPS는 이 같은 기술의 진보에 잘 대처해 고객 서비스 분야에서 확실한 입지를 다진 사례다. 즉, 1990년대 중반 페덱스와 경쟁하기 위해 웹사이트를 만들기 시작하여 소비자들은 온라인에서 운송에 관한 거래 상황을 지켜볼 수 있도록 하였으며, 기타 편의 서비스를 제공받을 수 있게 만들었다.

이와 같은 운송 시스템은 오늘날 세계 거의 대부분 운송 시스템의 표준이 되었으며, UPS는 온라인 배송 조회 분야의 선구자로 인식되게 되었다.

노키아의 경우도 게임기와 결합한 휴대폰 N-Gage를 출시하면서 자사의 광범위한 휴대폰 판매망 뿐만 아니라 기존의 게임 판매망에도 동시에 진출할 계획이라고 한다. 소비자들이 원하는 채널로 좀 더 다가가기 위한 것이다. 더 나아가 오프라인에서의 게임 구매라는 기존 판매망을 파괴하고 휴대폰을 이용해 온라인 직접 구매가 가능토록 서비스를 제공함으로써 다가올 컨버전스 시대를 선점하기 위해 준비한다고 한다.

컨버전스를 준비하는 다양한 선진 기업들의 움직임을 다시 한번 요약하자면 결국 채널이란 고객중심으로 디자인되어야 한다는 점이다. 컨버전스로 인해 미래의 채널은 합종연횡이 불가피할 양상이지만 두 가지 사업의 채널을 단순 결합하는 형태에서 벗어나 소비자들의 변화하는 욕구를 실질적으로 만족시킬 수 있는 발상의 전환이 필요하다.

4. 공급자보다는 사용자 위주의 서비스가 우선이다

모바일 컨버전스는 우리의 아이디어에 의해 향후 어떠한 모습으로도 진화할 수 있다. 이미 세계적으로 유명한 많은 기업들이 다양한 컨버전스 상품을 내놓고 있는 것도 이를 반증하고 있다.

휴대폰만 하더라도 당뇨검사나, 지문인식 등 다양한 기능이 첨가되고 있다. 그러나 한 가지 놓치지 말아야 할 사실은 이처럼 훌륭하고, 많은 아이디어들이 들어간 융합·복합 상품을 만들어 낸다고 해도 소비자들이 외면하면 그만이라는 점이다.

특히 많은 경우, 엔지니어들은 이전과 다른 새로운 것이라면 무조건 좋은 듯이 바라보는 잘못된 경향이 있다. 소비자의 관점에서 제품이나 서비스를 바라보지 못한 제품은 단순한 지적 허영심에 불과할 뿐이다. 신제품 개발에 수없이 많은 자원과 시간이 투입되어도 결국 소비자들에게 어필할 수 있는 히트 상품이 되어야만 살아 남을 수 있는 것이다.

모바일 컨버전스를 통한 휴대폰의 개발도 마찬가지 경우다. 휴대폰을 만드는 것과 실제로 소비자들이 이 휴대폰을 사용하도록 하는 것은 별개의 문제라는 것이다. 컨버전스를 활용한 융합, 복합 단말기를 개발하는 것만큼이나 중요한 것은, 그러한 단말기를 활용해 실제로 고객이 이용할 서비스를 만들어 낼 수 있어야 한다는 점이다.

3G라는 진화된 네트워크를 가장 먼저 시장에 출시한 도코모에 맞서 기존의 기술을 활용해 서비스 개발로 대응한 J-Phone의 성공 사례는 그러한 점에서 더욱 의의가 크다. J-Phone은 오늘날 한국에서도 선풍적인 인기를 끌고 있는 카메라폰에 기반한 컨버전스 서비스로 도코모가 선전한 3G 화상전화 서비스에 대응했다. 카메라폰을 활용해 찍어서 바로 보내는 샤메일이라

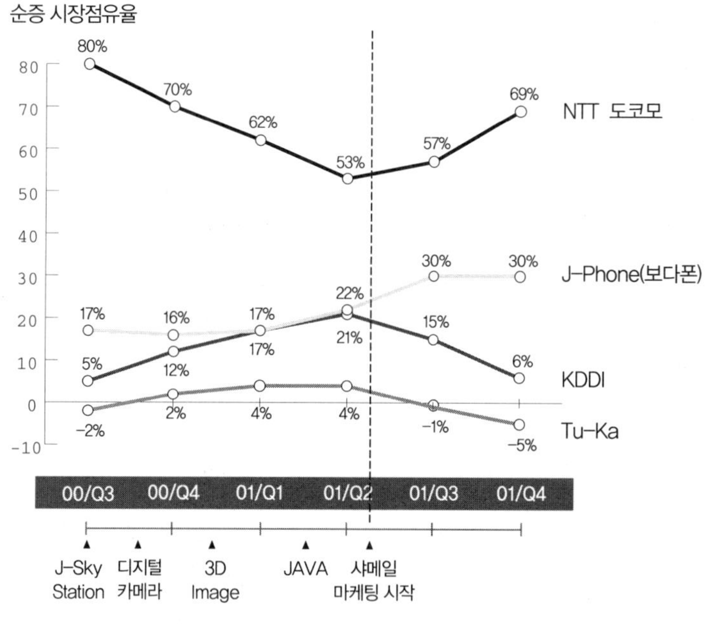

〈그림 7.5〉 샤메일 & 일본 이동전화 시장

자료 : 각 사 홈페이지

는 서비스로 J-Phone은 한때 10%대에 불과했던 순증 시장점
유율을 30%대까지 끌어올리는 놀라운 성과를 거두게 되었다.

〈그림 7.5〉를 보면 알 수 있듯이 J-Phone은 2000년 11월 디
지털 카메라 기능을 내장한 휴대폰 출시 이후 순증 시장점유율
이 지속적으로 상승하여 2002년 3월 KDDI를 밀어내고 일본 이
동전화 시장 2위 사업자로 발돋움하게 된다.

실제로 샤메일 가능 단말기 보급은 빠른 시간에 급속도로 증가

하여 2002년 3월 J-Phone 가입자의 3분의 1 이상이 샤메일이 가능한 폰으로 교체했을 정도다. 통신 사업자에게 이 같은 샤메일은 단순 융합 상품이 아니라 기존 시장의 경쟁 반전의 킬러앱 (Killer Application)으로 자리잡았는데 그 이유는 다음과 같다.

●순증 가입자 증대 : 샤메일은 카메라 내장의 휴대폰으로 교체해야 하는 서비스로, 이 서비스를 이용하려면 자연스럽게 신규 가입을 유도하게 된다.

●1인당 평균 매출액의 증대 효과 : 촬영된 사진을 송신, 수신하는 과정에서 이동 통신 회사의 통신망을 이용하며 이용요금을 발생시켜 매출액 증대에 기여하게 된다.

●네트워크 효과에 기반한 서비스 : 사용자가 많아질수록 서비스 효용이 증대되는 이른바 네트워크 효과에 기반한 서비스이기 때문에 이를 통한 가입자 기반의 지속적인 증가를 도모할 수 있다.

네트워크 효과 (Network Effect)

경제학에서 유래된 개념으로 특정 상품에 대한 어떤 사람의 수요가 다른 사람들의 수요에 의해 영향을 받을 때 네트워크 효과가 존재한다고 말한다. 가장 쉬운 예로는 전화를 들 수 있다. 전화 한 대로는 전혀 써먹을 곳이 없는, 다시 말해 효용가치가 '0'이지만 모든 가정에 전화가 보편화된 지금은 오히려 전화가 없이는 생활이 불가능할 정도로 그 효용가치가 상승하게 되는 것이다.

이와 같은 샤메일의 성공으로 인해 J-Phone은 3G라는 차세대 서비스를 제공하던 NTT 도코모의 기세를 실질적으로 제압하는 효과마저 누리게 되었다.

즉, 일본 소비자들은 화상전화로 대표되는 3G 서비스보다 샤메일로 불리는 카메라폰에 더욱 열광했고 샤메일 서비스는 J-Phone의 순증 가입자를 늘리는 데 결정적인 역할을 하게 되었던 것이다.

NTT 도코모의 경우 처음에는 "우리는 화상전화가 되는데, 무슨 사진메일이야……."라고 생각하며 샤메일과 같은 융합 서비스에 관심이 없었던 것이 사실이었다. 그러나 이같은 샤메일의 성공으로 결국에는 NTT 도코모마저 신형 3G 단말기에 카메라폰을 활용한 영상 메일 첨부 서비스를 도입하기에 이른다.

샤메일의 사례처럼 모바일 컨버전스 시대에는 공급자 위주의 시각이 아니라 사용자 위주의 시각에서 서비스를 제공하는 것에 더욱 주목해야 한다. 대규모 투자가 필요했던 3G 신규 서비스를 카메라와의 결합이라는 단순한 아이디어로 극복할 수 있었던 J-Phone의 사례는 그래서 더욱 의미가 큰 것이다.

모바일 컨버전스 시대에 휴대폰 단말기와 서비스는 어느 것 하나만 먼저 간다고 시장이 형성되는 것이 아니다. 부품 개발이 선행되어야 서비스가 진행되지만 서비스 자체의 확대가 핵심 부품 자체의 확산에도 결정적 기여를 할 수 있다는 점을 간과해서는 안 될 것이다. 이 경우 공급자 측면의 개발 논리보다는 실제 시장에서의 고객들의 목소리에 더욱 귀를 기울여야 한다.

5. 비용 절감이 아닌 새로운 서비스 창출을 위한 컨버전스로 승부하라

모바일 컨버전스의 궁극적인 모습은 무엇일까?

쉽게 말하면 하나의 휴대폰으로 모든 것이 해결되는 세상일 것이다. 이는 현재와 같은 유선과 무선의 구분도 없이 가정에서든 바깥에서든 하나의 휴대폰만 사용하는 이른바 '원폰(One Phone)'의 개념인 것이다.

특히, 통신 산업의 궁극적인 컨버전스로 알려진 유·무선 통합(Fixed-mobile Convergence)의 시대가 오면 휴대전화는 유선전화와 동일한 부가 서비스 기능을 탑재하게 되고 유선전화는 세계 전역에서 통화가 가능한 이동성을 확보하게 된다.

현재까지의 기술로 보면 〈그림 7.6〉과 같이 서비스 통합의 단계까지 가능하다. 1단계인 **마케팅 통합**의 경우 개별 서비스의 고객에 대한 고객관리, AS, 과금 등 마케팅 영역만을 통합한 것으로 하나로 통신과 LG텔레콤이 통합 A/S 센터를 활용하고 있는 것과 같은 이치다.

2단계는 **서비스의 통합**이다. 유·무선 통신 서비스를 유기적

〈그림 7.6〉 유 · 무선 통합 서비스의 발전 및 제공 서비스

	1단계 마케팅 통합 (유사통합)	2단계 서비스 통합	3단계 망 통합
개념	-개별 서비스의 고객에 대해 고객관리, AS, 과금 등 마케팅 영역을 통합	-유 · 무선 통신 서비스를 유기적으로 결합하고 컨텐츠 등 공통의 자원을 효과적으로 활용	-유선 · 무선 및 음성 · 데이터 등 이종 망 간의 융합으로 완전 통합된 서비스를 제공
서비스 예	-고객 AS 통합(통합 Call Center 운영) -통합 과금 등	-초고속+이동전화+무선 LAN 등 패키지 상품 -평생번호 서비스 -유 · 무선 연동형 포털	-One Phone 서비스 -통합 VPN

※현재 기술로 가능한 서비스

으로 결합하고 컨텐츠 등 공통의 자원을 효과적으로 활용하는 것이다. 초고속+이동전화+무선 랜 등과 같은 패키지 상품이 그 대표적 사례다.

3단계는 **망 통합의 단계**다. 유선 · 무선 및 음성 · 데이터 등 이종망 간의 완전 융합으로 하나의 통합된 서비스를 제공하는 것이 가능하다. 앞서 살펴본 원폰 등이 이에 해당한다.

특히, 현재 진행되고 있는 서비스 통합 단계에서 번들링 상품은 향후 펼쳐질 통신 업계의 컨버전스 상품의 전초전으로 인식되고 있다. 예를 들어 조만간 서비스가 개시될 TPS(Triple Play Service)와 같이 초고속, 전화, 방송 서비스가 하나로 융합되어 번들링으로 제공되는 서비스가 향후 컨버전스 시대의 주력 서비스로 부상하고 있다는 말이다.

이와 같은 패키지형, 혹은 번들링형 서비스의 형태는 크게 다음의 세 가지로 구분할 수 있다. 단순 가격 할인형, 신규 서비스 창출형, 서비스 통합형 등이 바로 그것이다.

●단순 가격 할인형 : 새로운 소비자 효익이 없이 단순히 가격 할인만을 제공하는 것을 말한다. 예컨대, 이동전화와 유선전화를 동시에 가입하면 20% 정도의 가격 할인을 주는 것이다.

이와 같은 단순 가격 할인형은 상품 구성이 비교적 쉽고 가격 경쟁력 확보가 가능할 것으로 보이지만 가격 할인폭에 대한 개별 기업의 분담 비율에 대한 이견이 조정되어야 하며, 경쟁사의 모방이 쉽기 때문에 게임의 룰을 바꾸기가 어려운 단점이 있다.

●신규 제품 창출형 : 유/무선 통합 서비스를 통해 고객에게 실질적인 효익을 제공하는 것을 말한다. 예를 들어, 그 동안 시장에 소개되지 않았던 무선 랜을 초고속 인터넷과 함께 제공하는 것이다. 국내의 경우도 KT가 '네스팟(Nespot)' 이라는 이름으로 기존 메가패스 사용자에게 월 1만 원의 추가 비용으로 제공

하는 무선 랜이 이에 해당하는 것으로 향후 유선 사업자의 이동 전화시장 진출의 교두보 역할을 할 것으로 파악되고 있다.

●서비스 통합형 : 고객에게 편의성 제공을 주 목적으로 설계된 지능형 서비스를 말한다. One Number로 유선과 무선 서비스를 동시에 이용하는 것과 같은 서비스를 제공하는 것이다.

덴마크 Tele Denmark의 Duet 서비스가 이와 같은 서비스 통합형으로 어느 정도 성공한 서비스로 일컬어지고 있는데, 유·무선 간 단일 단말기와 단일 번호 서비스를 제공하며 단일 단말기를 가지고 특정지역에서는 유선으로 사용하고 이동중에는 이동전화로 사용이 가능토록 서비스를 제공하고 있다고 한다.

이 경우 단일 번호로 서비스하기 때문에 고객의 편의성을 증대할 수 있으며 향후 유·무선 통합 추세 및 고객의 단일 채널 선호 현상으로 그 수요는 더욱 증가할 것으로 예상된다.

이상과 같이 살펴본 것처럼 가격 할인과 같은 단순 번들링 상품보다는 신규 제품을 창출하거나 서비스를 통합하는 것과 같은 고객의 실질적인 가치가 증대될 수 있는 방안에 우리는 보다 더 큰 관심과 주의를 기울여야 할 것이다. 이를 통해 서비스 포트폴리오 개선과 매출 증대, 고객 이탈 감소 등의 효과를 볼 수 있기 때문이다. 컨버전스를 통한 유·무선 통합 시대를 앞당기기 위해서도 이와 같은 고객의 실질직인 가치제고의 수단에 대한 탐구는 다른 무엇보다도 중요한 부분이다.

진정한 컨버전스 혁명은
반 걸음 앞선 소비자의 니즈로부터……

이상으로 모바일 컨버전스의 5가지 성공 조건을 살펴보았다. 이밖에도 원활한 컨버전스의 진행을 위해서는 서로 다른 기술과 제품이 융합할 수 있는 시장 표준에도 관심을 기울여야 함은 물론이다. 융합을 하려 해도 서로 다른 기술과 시스템을 기반으로 한 이(異) 업종의 서비스일 경우 융합 자체가 어렵거나 많은 비용이 들 수 있기 마련이다.

국내의 경우만 해도 유선과 무선 사업자가 명확히 분리돼 있어 이를 해소할 통합 서비스 플랫폼 구축 등이 필요하다는 주장이 끊임없이 제기되는 것도 바로 이 때문이다. 협력을 위해서는 타 사업에 특화된 자산의 공유와 특허, 공동 연구 개발, 시장 표준 제정 등과 같은 노력들이 진행되어야 한다.

물론, 이 과정에서 최근에 벌어졌던 모바일 결제 시장을 둘러싼 이동통신사와 기존의 카드 결제 업체들과의 영역 다툼과 같은 분쟁이 발생할 수도 있다. 컨버전스의 현상을 단순히 새로운 시장 경쟁자의 진입으로 인식하는 경향이 컸기 때문이다.

그러나 현 시점은 시장의 파이를 함께 키워나가려는 파트너라는 생각으로의 전환이 무엇보다 절실한 때이다. 그래야만 사업자 간 이해 조정과 원활한 전략적 제휴등을 통해 시장 자체가 성숙할 수 있기 때문이다.

HP의 피오리나 회장의 말에 따르면, 'IT 혁명은 단순함에서 출발한다' 고 한다. 아무리 기술이 좋고 기능이 복합화된 제품이라고 하더라도 소비자들이 사용할 때 새로운 경험을 얻을 수 있어야만 성공할 수 있다는 뜻이다. 컨버전스 제품도 마찬가지다. 소비자의 니즈와 동떨어진 복잡하기만 한 결합 제품은 오히려 실패할 확률이 더 크다는 점을 분명히 명심해야 한다.

결국 해답은 소비자가 느끼는 효용가치에서 찾아야 할 것으로 보인다. 개별 단위의 기존 제품을 사는 것보다 융합 제품을 사는 것이 경제적으로 유리하고, 더 나아가 단순 융합이 아닌 부가적인 시너지를 창출할 수 있을 때에 소비자의 구매 의도가 증대되는 것이다.

이 과정에서 중요한 점은 시장 선도에 대한 지나친 욕심을 버리는 일이다. 실제로 안전면도기는 질레트가 등장하기 20년쯤 전에 상품화됐으며, 레이저 프린트 시장의 개척자는 휴렛팩커드가 아니라 IBM과 제록스였음을 잊어서는 안 될 것이다.

현실과 동떨어진 무리한 기술보다는 5~10년 앞을 내다보는

장기적인 로드맵의 기반 하에 다음 세대로 연결되는 지속적인
히트 상품의 개발이 무엇보다 중요하다. 소비자의 니즈를 앞서
가야 하지만 지나치지 않은 제품 개발이 절실한 이유도 바로 이
때문이다

Chapter 8

디지털 컨버전스 시대의
플랫폼 전략

이종 산업 간의 융합이 본격화되고 기능이 복잡해지면서
공통의 인터페이스(interface)에 대한 필요성이
어느 때보다 높아지고 있다.
플랫폼이란 공통 활용 요소를 바탕으로 보완적인 파생 제품이나
서비스를 개발, 제조할 수 있는 기반 자체를 의미한다.
1등 기업들의 사례를 중심으로 플랫폼 리더십을 차지하기 위한
핵심 성공 요인을 살펴본다.

플랫폼 경쟁

컨버전스의 시대에는 이종 산업 간의 융합이 본격화되고 기능이 복잡해지면서 공통의 인터페이스에 대한 필요성이 어느 때보다 높아지게 된다. 여기에 바로 플랫폼적인 접근방식의 필요성이 등장하게 된다.

플랫폼이란 하나의 자동차 본체가 여러 가지 모델에 활용되듯이 공통 활용 요소를 바탕으로 보완적인 파생 제품이나 서비스를 개발, 제조할 수 있는 기반 자체를 의미한다. 물론 여기서 말하는 플랫폼이란 제품 자체 뿐만 아니라 제품을 구성하는 부품이 될 수도 있으며 다른 서비스와의 연계를 도와주는 기반 서비스나 소프트웨어 같은 무형의 형태도 포괄하는 총체적인 개념이다.

　그렇다면 플랫폼을 확보한 기업이 누리게 되는 이점은 무엇일까? 플랫폼을 확보한 기업은 다른 기업들이 의존할 수밖에 없는 기반 기술을 보유하게 되며, 그 결과로 얻을 수 있는 이점은 다음의 세 가지로 요약할 수 있다.

　●비용의 절감 : 기반 기술의 공유를 통한 기술의 재사용으로 비용을 절감할 수 있다. 연구 개발을 위한 추가적인 비용이 들지 않고 기존 설비 및 장비를 공유할 수 있어 운영의 효율성을 높일 수 있다.

　●안정된 수익 기반의 창출 : 급변하는 시장 환경에도 플랫폼 리더십을 획득한 기업은 안정된 수익 기반을 창출할 수 있다. 이는 불황이나 기술의 변화와 같은 외부의 변화가 찾아와도 단순 조립생산 위주의 저부가가치 제조업체부터 타격을 받는 것이지 플랫폼 기반 기술을 가진 업체의 외부 환경 민감도는 훨씬 낮음을 의미한다.

　●미래 경쟁 우위의 확보 : 시장 표준화를 통해 산업 내 영향력을 극대화 할 수 있어 향후 미래 시장에서 우월한 경쟁 위치를 선점할 수 있다. 많은 경우 미래 시장이 구축되기 전에 주도권을 잡을 수 있을 정도로 시장의 성장 방향 자체를 컨트롤할 수 있는 파워를 지닐 수 있다.

실제로 국내에서도 통신, 방송, 기기 등 컨버전스가 진행되는 최접점에서 이와 같은 플랫폼을 활용한 사업 모델이 핵심 경쟁 요소로 부각되고 있다.

먼저, 통신의 경우 무선 인터넷 망 개방으로 인해 SKT, KTF, LGT 등의 통신 사업자와 관계없이 다양한 컨텐츠의 활용이 가능해졌다. 예를 들어 LG텔레콤은 과거 ez-I라는 무선 플랫폼을 통한 무선 인터넷 접속만이 가능했지만 무선 인터넷 망 개방 후에는 누구든지 독자적인 플랫폼으로 시장에 진입할 수가 있다. 예를 들어, 기존 유선 인터넷 진영의 다음, 네이버 등과 같은 유선 포털 업체들이 새로운 플랫폼으로 무선 인터넷 시장에 진입하는 것도 가능하다. 향후 다양한 플랫폼이 공존할 것이며, 이 부분에서 승자가 되기 위한 개별 업체들의 경쟁이 더욱 치열해질 전망이다.

방송의 경우도 현재 아날로그 방식 위주의 케이블 TV가 디지털화로의 진전을 위해 설립중인 디지털 미디어 센터(DMC : Digital Media Center) 사업에 대해 기존 유선방송 업체, 통신 업체 등이 경합중이다. 왜냐하면 디지털 미디어 센터를 통해 향후 가정에 공급되는 유선방송, 통신 서비스 등이 하나로 융합될 것으로 보이기 때문이다.

기기의 경우 가정용 가전, 정보기기, AV기기 등을 하나로 엮어내는 홈 네트워킹 사업을 통해 플랫폼을 선점하려는 선두 기업들의 표준 경쟁이 치열한 상황이다. 위성 TV의 셋탑 박스를 통해 이를 통합하려는 움직임도 있고, 늘 전원을 켜두는 냉장고를 활용해 홈 네트워킹을 활용하려는 움직임도 있다.

　이상과 같은 업체들의 공통되는 특징은 어떤 경우라도 그 포인트는 컨버전스의 핵심이 되는 플랫폼적인 개념의 기기나 서비스를 선점하려고 노력한다는 점이다. 향후 미래의 컨버전스가 성숙해 새로운 비즈니스의 기회가 다가올 때 그 핵심적인 위치를 차지하려는 의도인 것이다.

　이처럼 컨버전스 시대 플랫폼에 대한 기업들의 경쟁은 더 이상 미래의 일이 아닌 현실의 과제로 부각되고 있다. 미래 경쟁의 핵심이 될 플랫폼 리더십을 잡는 기업만이 향후에 업계 평균 이상의 탁월한 성과를 구가할 수 있는 까닭에 지금도 관련 업체들의 눈에 보이지 않는 주도권 다툼이 한창인 것이다.

왕관의 보석
(Jewel in the crown)

제품의 수명 주기(Product Life Cycle)를 살펴보면 제품도 사람처럼 나이를 먹어가는 것을 알 수 있다. 태어나서 성장하다가 어느 순간 쇠퇴기를 맞아 결국은 시장에서 사라지게 된다.

이러한 과정에서 우리가 눈여겨볼 현상은 제품의 범용화(Commodity)라는 현상이다. 범용화라는 말은 쉽게 말해 비슷한 제품이 시장에 넘쳐나서 초창기의 차별성을 잃고 치열한 가격경쟁에 빠지게 되는 현상을 뜻한다.

PC 산업의 예를 들어보자. 한때 PC는 최첨단 과학의 결정체라고 할 정도로 아무나 만들 수도, 가질 수도 없는 고가의 물건이었다. 그러나 90년대 후반 이후 제조 기술이 평준화되고 거의 모든 PC 제품들이 혁신성, 신뢰성, 안정성 등의 측면에서 차별화가 없어지면서 PC 산업은 단순 조립 산업으로 전락하고 말았다.

그 결과 PC 산업은 기존의 수직적 운영 구조에서 현재의 수평

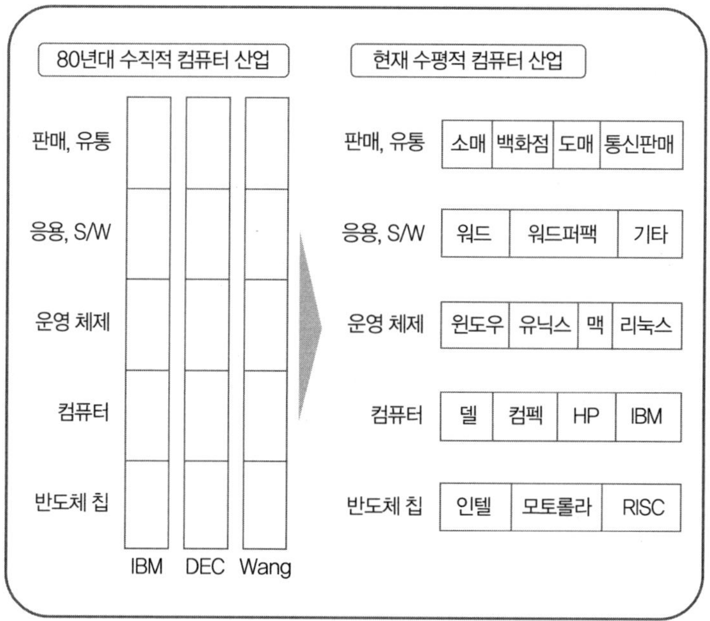

적 구조로 완전히 탈바꿈하게 되었다. 수직적 구조란 〈그림 8.1〉의 80년대 컴퓨터 산업의 경우처럼 IBM, DEC 등과 같은 개별 기업들이 독자적으로 판매, 운영 체제, 반도체 등을 스스로 모두 담당하는 구조를 말한다.

이와 같은 수직적 산업 구조가 최근에는 판매, 유통, 응용 S/W 등을 전문적으로 생산하는 업체가 등장함에 따라 업계 구조도 수평적 구조로 전환되었다. 수평적 산업구조는 긍정적인 면도 있어서 이를 통해 PC 산업은 최종 소비자에게 더 많은 선택의 기회를 주고 이전의 수직적 컴퓨터 산업에 비해 10배 이상의 비용 절감 효과를 달성했다고 한다.

문제는 수평적 구조 하에 외주(아웃소싱), 모듈화 등의 영향으로 누구라도 생산할 수 있는 단순 조립 산업으로 전락해 버린 PC 산업은 치열한 가격경쟁을 수반했다는 점이다. 한마디로 말해 '많이 팔아봐야 얼마 못 남기는' 재미없는 장사가 되고 만 것이다. 소니와 같은 회사는 부가가치가 낮은 조립, 생산 부분을 그룹에서 분사하는 상황까지 이르게 된다.

그러나 동일한 산업 내라고 해도 모든 기업들이 이와 같은 상황에 처한 것은 아니었다. 윈도우라는 공통의 소프트웨어를 판매하는 마이크로소프트와 CPU 칩을 생산하는 인텔만은 평균 영업 이익률 20%가 넘는 높은 수익성을 자랑했던 것이다.

인텔과 마이크로소프트의 비결은 무엇일까?

그 이유는 그들이 산업의 가치 사슬에서 가장 수익성이 높은 부분을 차지했기 때문이다. 이러한 부분을 차지할 수 있었던 이유는 그들이 플랫폼을 확보한 기업이기 때문이라는 점이다. 수평적 구조에서는 플랫폼을 확보한 기업들의 경우, 그 분야 전반을 지배할 수 있는 힘을 갖게 되며 이러한 기업들은 그 업계가 만들어 낼 수 있는 최고의 부가가치를 만들어 내는 것이다.

쉽게 말해서, 컴퓨터 기기 주변으로 아무리 다양한 소프트웨어와 하드웨어가 접목된다고 하더라도 결국은 윈도우라는 운영체제와 인텔이라는 마이크로 프로세스에 의해 컴퓨터는 돌아갈 수밖에 없는 것이 PC의 현실이라는 말이다.

컴퓨터 업계에서 일어났던 것과 비슷한 경쟁은 향후 휴대전화 업계에서도 나타날 조짐이 보인다. 윈도우 기반의 마이크로소프트가 스마트 폰용 소프트웨어 시장에 진출한 것이다. 마이크로소프트가 노리는 전략은 명확하다.

PC 산업처럼 휴대폰 산업에서도 마이크로소프트가 운영소프트웨어의 기반 기술이 되겠다는 것이다. 이는 더 많은 기능의 추가와 성능의 향상으로 미래의 휴대폰이 곧 현재의 개인 PC가 될 것이며, 이 경우 PC 산업처럼 휴대폰 산업에서도 이익의 핵심은 단말기를 생산·조립하는 부분이 아니라 다양한 기능을 융합하고 운영할 소프트웨어에서 발생할 것이라는 점에 근거한다. 그 결과 휴대폰에서도 MS가 소프트웨어의 독점권을 지니게 되면 이미 범용품이 되어 버린 PC처럼, 노키아와 같은 휴대폰 제조업자들 역시 단순한 조립 판매 생산자로 전락하고 말 것이다.

다른 각도에서 보면 휴대폰의 운영 체제와 같은 사례는 영역 파괴 시대에 플랫폼의 중요성에 대해서도 다시 한 번 일깨워 준다. 자동차에서 여러 가지 다른 차들이 동일한 '플랫폼' 위에 놓여지듯이 개별 기업들이 멀티미디어에 집중하든 무선 데이터에 집중하든, 모든 애플리케이션의 요구 수준을 완벽히 소화해 내는 플랫폼이 중요하게 부각되는 것이다.

플랫폼의 중요성은 단순히 현재 기업의 경쟁력 향상 뿐만 아니라 미래의 경쟁력 확보와도 직결된다. 미국의 자동차 대중화를 이끈 포드가 T 모델을 시장에 출시하면서 뒤이어 나온 SUV와 같은 차량의 발전을 예측하지는 못했지만 T 모델의 플랫폼만은 SUV에도 훌륭히 적응, 진화하는 데 성공했다. 현재와 같은 영역 파괴의 경우도 어떤 방향으로 진화할지 모른다는 점을 고려하면 플랫폼을 선점해 진화에 효과적으로 대응해 나가는 것이야말로 가장 최선의 방법이다.

플랫폼 리더십

그렇다면 플랫폼은 어떻게 만들어지는 것인가?

그리고 그 궁극적인 모습은 어떠해야 하는가?

이와 같은 질문에 답하기 위해서는 플랫폼의 생태계가 이루어지는 성장 단계를 살펴볼 필요가 있다.

●1단계 (탄생의 단계) : 영역의 파괴 혹은 새로운 혁신이 이루어지는 순간이다. 극히 소수의 기업들만이 제품이나 서비스에 필요한 자원을 공급한다.

●2단계 (모듈화의 단계) : 제품이나 서비스가 일련의 정형화된 모습을 띠게 된다. 기술 발전은 개별 모듈별로 진화한다.

●3단계 (특화 단계) : 모든 부품을 제조하는 일반 기업이 아니라 특정 부품 또는 모듈을 더 잘 만드는 특화된 전문기업이 서서

히 등장하게 된다. 여기서 나오는 제품이나 서비스는 다른 기업의 제품이나 서비스와 호환성을 갖기 위해 노력한다.

●4단계 (플랫폼 리더십의 단계) : 이 단계에서 업계 리더는 모든 일을 단독으로 하려고 시도하지 않게 된다. 그 대신 업계 리더는 플랫폼 리더로 행동하기 시작하며 자사의 제품을 기반으로 다른 기업들이 제품이나 서비스를 개발하는 방향으로 유도하게 된다.

하이테크 분야에서 가장 중요한 성공 요건은 회사의 제품을 일정한 플랫폼 속에서 내놓는 것이다. 여기서 플랫폼이란 다른 기업들이 보완적 제품과 서비스를 축적하고 개발할 수 있는 기반을 의미한다. 플랫폼을 보유한 기업은 이 플랫폼의 혁신을 통해 발전시켜 나가면서 막대한 수입과 이익을 거둘 수 있게 되는 것이다.

실제로 마지막 단계인 플랫폼 리더십의 단계에 이르면, 현재의 보완재를 개발하는 기업들이 많으면 많을수록 긍정적인 결과가 나타난다. 그 이유는 많은 수의 소비자를 플랫폼에 끌어들임으로써 플랫폼의 최종 가치를 높이게 되기 때문이다. 동맹 기업들이 개발한 혁신 제품의 수가 많을수록 플랫폼의 가치는 더욱 높아지고 이렇게 하여 선순환의 고리는 시작될 수 있는 것이다.

이미 많은 수의 기업들이 '플랫폼 게임'을 효과적으로 벌이는 것이야말로 자사의 장기적인 생존과 번영에 얼마나 중요한지를 깨닫고 있다. 이 게임을 성공적으로 벌이는 플랫폼 리더는 자신이 속한 산업 내에서 혁신의 방향에 영향을 미칠 수 있고, 따라서 보완재를 생산하고 사용하는 기업과 소비자의 전체 역학구도에 강력한 영향을 미치게 된다.

정리해서 말하면, 플랫폼 리더십 전략이 성공하는 것은 일정한 조건 하에서만 가능하다. 그 조건은 일종의 생태계와 같은 의미다. 플랫폼이라는 핵심 기반 기술을 중심으로 다수의 보완재가 동반 발전해야만 가능한 것이다. 즉, 만약 기업의 제품이 보완재가 없이 단독으로 사용될 경우 소비자의 효익이 현격히 줄어들며 보완재가 존재할 때는 그 반대로 부가적인 효익이 창출되는 특성을 지녀야 한다는 말이다.

인텔의 경우도 이와 같은 맥락의 사례다.

오늘날 'Intel inside' 라는 마크 하나가 고부가가치를 상징하는 표준이 되어 버렸지만, 과거의 인텔은 지금과 같이 유리한 상황은 아니었다. 과거 인텔이 가진 최대의 고민은 자사의 CPU를 소비자들이 직접 구매하는 것이 아니라 인텔의 부품을 장착한 PC라는 최종 제품을 구매한다는 것이었다. 사실 소비자는 최종 제품이 잘 돌아가기만 하면 되었지 인텔의 부품이 쓰여지든 쓰여지지 않든 별 상관이 없었기 때문이다.

이 경우 소비자들이 인텔의 제품에 대해 갖는 선입견은 상당수가 인텔이 생산하지 않는 플랫폼 속의 다른 제품들에 의해서 영향을 받게 되었다. 더구나 문제를 더욱 어렵게 만든 것은 컴퓨터 프로세스가 급속히 발전함에 따라 인텔은 소비자들이 신제품을 구입할 것이라는 보장도 없이 수십 억 달러에 달하는 투자를 계속해야 한다는 사실이었다.

이런 문제에 대응하기 위한 인텔의 노력은 1990년대 초부터 PC 플랫폼의 주도적 역할을 맡음으로써 보완재를 생산하는 업체와의 조율을 전담하면서 동시에 자사의 신제품 수요를 늘리는 전략을 취했다.

예를 들어, IBM의 PC 설계 중 일부가 CPU의 성능을 제한하는 요인으로 밝혀지자 스스로 먼저 나서 전체 플랫폼을 향상시키는 조정자의 역할을 자청한 것이다. 이는 인텔이 그래픽 카드, 사운드 카드 등 기타 보완재의 혁신과 PC 플랫폼 자체의 발전이 없이는 자사의 주력 상품인 CPU가 매우 한정된 가치만을 갖게 될 것이라는 분명한 자기 인식을 하고 있었기 때문에 가능한 일이었다.

플랫폼 리더십의 성공 포인트 5가지

다양한 형태의 시장 환경에서 이제 많은 기업들은 '플랫폼 게임'을 효과적으로 벌이는 것이 자사의 생존과 장기적 성장에 필수적인 성공 요소임을 서서히 깨닫게 되고 있다.

그렇다면 플랫폼을 활용한 기업의 전략은 어떠한 방식으로 전개되어야 하는가.

이에 대한 해답을 찾기 위해 플랫폼 시대에서 살아 남기 위한 다섯 가지 성공 전략을 알아본다.

플랫폼 리더십의 성공 포인트 5가지

1. 오픈 플랫폼(Open Platform)으로 미래를 선점하라
2. 노른자위 영역을 차지하라
3. 해당 업계의 대변인이 되어라
4. 제휴와 인수 합병을 통해 핵심을 강화하라
5. 핵심 사업을 통해 새로운 부가가치 영역으로 진출하라

---

1. 오픈 플랫폼(Open Platform)으로 미래를 선점하라

하이테크 산업의 역사를 살펴보면, 플랫폼 전략이라 불릴 수 있는 과거의 사례는 다분히 폐쇄지향적이었음을 알 수 있다. 시장 표준화를 토대로 일종의 장벽을 만들어 자사의 제품 이외에는 다른 기업의 제품과는 호환이 되지 않는 것과 같은 방법으로 플랫폼을 지켜나가고자 한 것이다.

그러나 네트워크의 기능 증대 및 급변하는 시장 변화는 이와 같은 플랫폼의 폐쇄성에도 큰 변화를 가져오게 만들었다. 요즘의 플랫폼 전략은 소스 코드를 공개해 플랫폼의 자유로운 변형을 가능케 하면서 플랫폼 전체의 상호호환성에는 영향을 주지 않으면서도 각 기능의 발전을 촉진할 수 있게 만드는 데 그 초점이 있다.

특히, 오픈 플랫폼은 경쟁이 치열한 미래 신기술 분야에서 두각을 나타내고 있다. 예를 들어 요즘의 홈 관련 네트워크의 국제 표준은 다른 표준과 달리 소수의 메이저 업체들 중심으로 단기적으로 업계의 사실상 표준(De factor standard)을 형성한 후 소스를 공개해 대규모 시장을 창출하는 것이 큰 추세로 여겨지고 있다. 융합화의 빠른 기술 변화에 대응하기 위해서는 오픈 소스가 필수적으로 인식되고 있기 때문이다.

리눅스는 이와 같은 오픈 플랫폼의 대표적인 예로 1991년 창시된 이래 전 세계적으로 1,000만 명 이상의 사용자들이 사용하는 운영 체제가 되었다. 사용자들은 리눅스를 통해 자신이 새로운 기능을 추가하는 것을 허용하면서도 안정성을 유지하는 운영 체제를 가지게 되었다.

실제로 오픈 소스를 활용한 리눅스는 휴대폰 운영 체제 시장에 일대 변화를 가져오고 있다. 2003년 2월 리눅스를 처음 탑재한 휴대폰이 모토롤라에 의해 등장한 이래 올해 리눅스를 탑재한 휴대폰은 110만 대에 달할 것으로 예상되고 있다.

최근 발행된 「비즈니스 위크」에 따르면, 원본 프로그램을 공짜로 공개하는 개방형 운영 체제(OS)인 리눅스가 이미 기업 서버 시장에서 유닉스를 제쳤으며 마이크로소프트의 운영 체제(OS)인 윈도우의 점유율을 상당 부분 잠식하고 있다고 한다. 20년 동안 소프트웨어 분야의 절대 강자로 군림해 온 마이크로소프트의 아성을 흔들고 있는 것이다.

우리 나라의 삼성전자 역시 중국 수출용으로 'SCH-i519' 모델에 리눅스를 채택했으며 중국의 다탕도 자사의 3세대 이동 통신 단말기에 리눅스 운영 체제를 탑재하겠다고 밝힌 바 있다. 특히 2003년 12월 일본의 NTT 도코모가 자사의 모든 3세대 휴대폰 제품에 리눅스와 심비안 운영 체제만을 쓰겠다고 밝힌 점은 괄목할 만한 변화다.

물론 리눅스를 채택하면 마이크로소프트보다 대당 5~7달러 정도 소프트웨어 가격이 저렴하다는 이점도 분명히 존재하지만 리눅스의 채택활용이 커지는 더 큰 이유는 시시각각 변하는 외부의 변화에 대응하기 위해 유연한 확장성을 확보하기 위함이다. 리눅스를 통해 개별 기업들은 공개된 소스의 일부 변경을 통해 개별 기업 특성에 맞는 차별화된 상품이나 서비스의 개발이 가능하기 때문이다.

휴대폰을 통해 이 같은 차별화된 상품이나 서비스를 개발하는 경우를 생각해 보자. 우리 나라의 경우 단말기는 삼성, LG가 만드는 기본 모형이 조금씩 변경되어 SKT, KTF, LGT에 배급되고 있는 것이 현재 통신 시장의 현실이다. 그 결과 자회사를 통한 전용폰을 개발하지 않고는 휴대폰에 의한 업체별 차별화는 대부분 사라지게 되었으며 단말기를 통한 소비자 유인 효과는 더 이상 기대하기 어렵다는 점이 통신 서비스 회사들의 한결같은 고민이다.

바로 여기에 만약 리눅스를 탑재한 휴대폰으로 통신사가 마음대로 화면 배치 및 기능을 조정한 휴대폰이 나온다면 시장에서의 파급 효과는 상당할 것이다. 같은 모델을 바탕으로 통신 회사 간 아주 다른 느낌의 휴대폰 출시가 가능해지기 때문이다.

실제로 휴대폰용 소프트웨어 분야에서 마이크로소프트의 소프트웨어와 달리 노키아 주도의 심비안 컨소시엄에 가입한 기업들은 개별 기업의 특성에 맞게 스크린 메뉴나 그래픽 등을 자사에 맞게 변경해서 사용하는 이점을 누리고 있다. 그 결과 개별 기업들은 표준화된 소프트웨어를 사용하면서도 개인화, 맞춤화를 통해 타 회사와의 차별적인 요소를 부각시킬 수가 있는 것이다.

이미 모토롤라, 에릭슨 등과 같은 원천기술을 보유한 선진 기업들의 경우 자사의 핵심 플랫폼을 공개하고, 핵심 칩이나 소프트웨어 판매 등과 같은 기술 라이센싱을 확대하고 있다. 이는 플랫폼 표준화의 경향이 부품 수준에서의 모듈화와 표준화의 진전과 맞물리면서 장기적으로 단말기 제조 부분에서 부가가치 역량의 상당 부분이 플랫폼 개발 회사로 이전될 것이라는 견해에 더욱 힘을 실어주고 있다.

더 나아가 최근 마이크로소프트마저 그 동안 '금기'로 여겼던 소스 코드를 공개하기로 결정했다. 윈도우 CE의 소스를 공개해 이를 기반으로 소프트웨어 개발 업체들이 응용 프로그램을 자유롭게 개발할 수 있도록 허용한 것이다. 이는 금과옥조로 지켜온 소스의 베일을 스스로 벗겨내면서까지 조기에 리눅스를 '거세' 해 미래 시장을 선점하겠다는 의지가 담긴 것이다.

2. 노른자위 영역을 차지하라

컨버전스가 확대되면 기존의 영역 구분은 더 이상 의미가 없어지게 된다. 소비자의 욕구를 충족할 수 있는 다양한 융합·복합 상품들이 시장에 쏟아져 나오게 되고, 그 결과 기업 간 영역 파괴 현상은 더욱 치열해진다.

이 과정에서 기업은 필연적으로 자사의 영역을 선택해야 할 순간이 다가오게 된다. 기술의 발전과 영역의 파괴라는 큰 대세 앞에 자사의 기존 위치만을 고수하는 것은 시장에서 도태되는 지름길이기 때문이다.

예를 들어 지난 80년대에 IBM은 인텔 8088 마이크로 프로세스를 기반으로 한 IBM PC를 내놓음으로써 사실상의 플랫폼 리더가 되었다. 그러나 운영 체제(OS)와 마이크로 프로세스는 마이크로소프트와 인텔에 각각 아웃소싱하는 전략을 취한다. 이들 분야가 핵심 수익 사업은 아니라는 판단이었기 때문이다.

하지만 이와 같은 판단은 90년대 들어 MS와 인텔은 승승장구했지만, IBM은 단순 하드웨어 판매자로 전락하고 말았다는 점을 감안할 때 엄청난 실수였음을 알 수 있다. 이와 같은 하드웨어 사업의 저수익성에 직면해 결국 IBM은 PC 사업의 대명사로 불리던 기존의 하드웨어 사업의 비중을 점차 줄여가기로 결정하기에 이른다. 실제로 전체 매출에서 하드웨어의 사업 비중이 차지하던 비율이 95년 49%에서 2000년 43%로 급격히 감소하게 되었다.

그러나 IBM의 반격은 여기서 끝나지 않는다. PC 분야와 관련해 서비스업 분야의 성장성을 감지하고 서비스 업체로의 변화를 선언한 것이다. 이를 위해 95년 28%에 불과한 소프트웨어 및 IT 서비스 사업비중을 2000년 52%로 증대시켜 솔루션/서비스 중심의 사업구조가 공고히 정착되는 모습을 보여주고 있다.

실제로 미국의 기업에서 PC 1대당 연간 지출하는 금액은 810

만 원에 육박한다고 한다. 이 중에서 PC의 하드웨어가 차지하는 부분은 그 중 20% 정도인 160만 원 정도에 불과하고, 나머지는 주변작업 관련 인건비 및 네트워크 관리·기술지원 등 부가적인 서비스라고 하니 하드웨어를 포기하고 서비스로 변신하고 있는 IBM의 변화가 충분히 이해가 가는 대목이다.

또한 휴대폰 산업을 살펴보아도 노른자위를 차지하려는 기업의 움직임은 더욱 치열하게 펼쳐지고 있다. 〈그림 8.2〉는 중국

〈그림 8.2〉 휴대폰 시장의 가치 사슬 분석

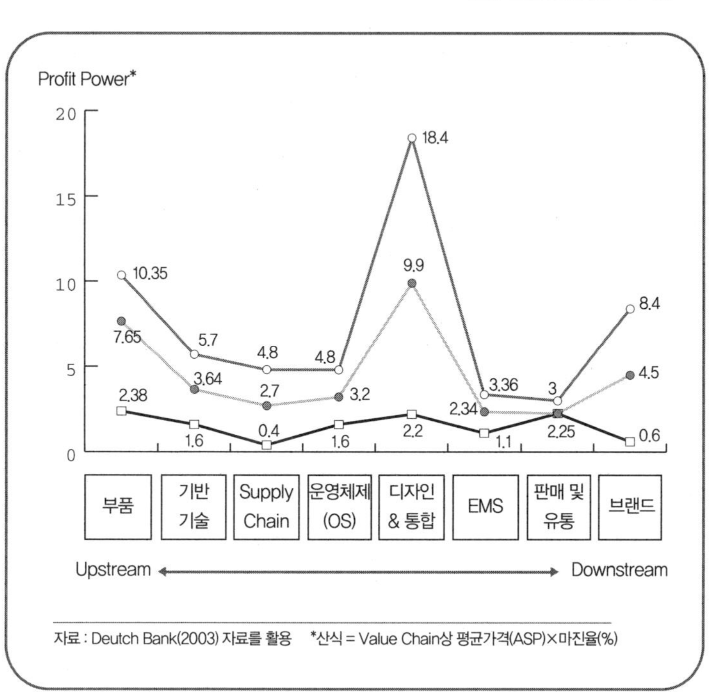

의 휴대폰 산업을 부품-기반 기술-공급 사슬-운영 체제-디자인-조립(EMS)-판매 및 유통-브랜드 등의 가치 사슬을 따라 그 수익성을 분석해 본 것이다.

수익창출 능력을 보기 위해 가치 사슬상의 평균 가격에 마진율을 곱해 얼마나 부가가치가 증대되는지를 살펴보았다. 그 결과 단순한 제조나 공급 사슬에서의 수익창출 능력은 부품이나 기반 기술, 브랜드 등의 수익창출 능력과는 큰 차이가 있음을 알 수 있었다. 이러한 현상은 기능이 융합화·복합화되고 멀티미디어가 강화되는 컨버전스 폰인 고가폰으로 갈수록 더욱 차별화가 극명하게 나타났다. 이상의 수익창출 능력의 분석 결과가 시사하는 바는, 사업이 고도화될수록 많이 팔아봐야 실제 기업에 도움이 별로 되지 않는 저부가가치 사업 대신 높은 마진의 고부가가치 사업을 기업의 핵심 사업으로 육성해야 한다는 점이다.

이미 중국에 진출해 있는 노키아, 모토롤라 등과 같은 선진 기업들은 디자인이나 부품, 브랜드 등에 주력하고 나머지는 모듈화를 통해 외부에 아웃소싱하는 형태로 휴대폰 산업을 발전시키고 있는 것으로 나타났다.

실제로 중국의 버드, TCL 등과 같은 로컬 기업들은 이미 모듈화를 통한 단순 조립 생산 능력은 글로벌 기업 수준에 근접한 것으로 알려져 다국적 기업들이 부가가치가 높은 핵심 역량 산업에 집중하는 현상은 앞으로도 더욱 강화할 전망이다.

결국 기업은 플랫폼의 어떤 요소가 지속되고 어떤 요소가 급변할지를 적절히 파악해 향후 본격적인 시장의 개화기에 적극 대비하는 자세가 필요하다. 이 과정에서 자사가 무엇을 하고 어떤 업무는 파트너 회사에 맡겨야 할지에 대해 매우 신중한 판단을 내려야 한다. 그러한 대응 행동은 컨버전스 시대에 수익창출 능력이 높은 노른자위 영역을 차지하도록 자사의 역량과 자원을 집중해야 함은 물론이다.

3. 해당 업계의 대변인이 되어라

플랫폼 리더가 되기 위해서는 다른 기업들과의 신뢰를 통한 관계 구축이 선행되어야 한다. 플랫폼의 기반 위에 더 좋은 사업자들이 모이고, 더 많은 컨텐츠와 서비스가 만들어지기 위해서는 제3자 기업들의 도움이 없이는 불가능하기 때문이다.

이를 위해서는 해당 업계의 대변인이 되는 노력이 필요하다. 즉, 업계의 장기적 이해를 대변하고 모든 참여 회사들을 위해 이익을 공유할 수 있도록 업계의 이해 관계를 자청해서 조정하는 역할이 필요한 것이다.

PC 산업에서 인텔의 역학관계는 이러한 생태계를 잘 보여주는 사례다. 1980년대 중반 인텔의 프로세스를 장착한 IBM의 PC가 시장을 석권하면서 IBM은 사실상 플랫폼 리더가 되었다. 그러나 1984년 AT 모델이 출시되었을 때 IBM의 회로 설계 중에 일부 기능이 인텔의 CPU 성능을 제한함이 밝혀지자 상황은 바뀌어지기 시작했다. 이 문제를 제기하고 플랫폼을 향상시킬 용의를 가진 컴퓨터 업체가 아무도 없었던 것이다.

결국 인텔은 1991년 인텔 아키텍처 랩(IAL)이라는 업계 디자인 설계 그룹을 설립하게 되었고, IBM이나 기타 PC 제조업체가 포기한 PC 플랫폼의 발전을 위한 중계자 역할을 자청하게 되었다. 결과적으로 인텔의 마이크로 프로세스를 통해 그 많은 프로그램 및 기기들이 무리없이 잘 돌아가도록 만드는 기반을 조성케 된 것이다. 인텔이 아키텍처 랩을 통해 달성하고자 한 목표는 다음과 같다.

●**설계 향상** : PC 플랫폼 상의 설계 단계에서부터 최고의 성능이 나오도록 사전에 조율하는 역할.

●**내부 혁신 활성화** : 인텔 프로세스에 연관되는 보완적 제품들의 혁신을 활성화하고 부품 산업의 동반 발전을 도모.

●**외부 기업과의 통로 역할** : 문제가 발생할 수 있는 외부 기업들의 제품이 인텔 프로세스에서 원활히 돌아가도록 조율하고 이들의 혁신을 유도.

이를 통해 인텔이 제일 먼저 달성한 성과는 PCI라고 불리는 상호 연결 기기의 표준을 만들게 된 일이다. PCI는 차세대 마이크로 프로세스를 개발, 출시할 때마다 새로운 회로설계를 해야 하는 일을 불필요하게 만들어 주었다.

또한 다른 기업들도 PCI 표준을 채택하게 하기 위해 인텔은 PCI 칩셋을 제작하여 PC 제조업체들이 마음대로 사용할 수 있도록 해 초기 투자비용 없이도 인텔의 최신 마이크로 프로세스를 PC에 자유롭게 장착하는 것을 가능케 해주었다. 특히, 로열티나 지적 재산권의 사용료 없이 무료로 이를 사용하게 한 인텔의 행동은 플랫폼을 사용하는 대규모 수요를 촉발시키는 결정적계기가 되었다. PCI의 성공으로 인해 인텔은 PC의 플랫폼 리더로 인정받게 되었고, 이후 인텔은 유니버설 시리얼 버스(USB), 가속 그래픽 포트(AGP), 디지털 비디오 디스크(DVD) 등의 후속 프로젝트도 연이어 성공시키게 된다.

물론 이와 같은 인텔의 역할은 결코 쉬운 일이 아니었다. 플랫폼 리더로서 '업계의 대변인' 역할도 해야 하지만, 참여 회사들 사이의 분쟁을 해결하는 '중립적인 중재자' 역할도 해야 하고 경쟁을 통해 최대의 이익을 창출하는 전통적 의미의 '이윤추구'의 역할도 해야 했기 때문이다.

인텔이 이와 같은 다면적인 역할 수행을 함에 있어 행동의 지침으로 삼은 포인트는 다음과 같다.

●**사전에 통보한다** : 업체 간 신뢰를 도모하기 위한 인텔의 방법으로 플랫폼 리더는 차세대 개발 프로젝트 등과 관련한 정보를 모든 업체에 공평하게 알려주어야 함을 가리키는 말이다. 인텔은 이 문제에 특히 신중을 기해 협력 업체들에 대해 약 12~18개월 전에 차세대 제품을 사전에 통보하는 것을 게을리하지 않

았다. 이를 통해 관련 업체들은 차세대 기술이 갖는 기능을 최대한 활용하는 신제품을 개발하는 데 필요한 충분한 시간을 벌 수 있었다.

●누구든 관련 정보를 입수할 수 있게 한다 : 인텔과 같은 선두 기업은 자금력과 영향력을 바탕으로 자사가 선택하는 어떤 시장에서도 자유롭게 경쟁할 수 있는 권한을 가지고 있었으며, 이는 때로 인텔의 협력 업체와 이해상충의 문제가 발생할 수 있음을 뜻했다.

실제로 하이테크 시장은 급속한 변화를 거듭하며 다른 시장과의 경계선은 모호해지는 끊임없는 변화를 겪어왔다. 그러나 이러한 문제에 대처해 인텔은 협력사를 우선순위에 두고 항상 자제를 했고 협력사가 움직일 여유를 남겨주었으며 사양을 공개하고 누구든 입수할 수 있도록 편의를 제공했다.

●잦은 논의의 시간을 갖는다 : 인텔은 분쟁이 있을 때마다 모든 참여자들과 공개적으로 토론하려 했다. 논쟁은 잘만 운영되면 논의중에 최선의 전략이 나올 수 있기 때문에 창조적인 사고를 조장하는 도구로 활용이 가능했던 것이다.

구체적으로 인텔은 1년에 두 차례에 걸친 전략적 장기계획 회의를 개최했으며, 매년 한 차례의 제품 라인 비즈니스 계획 회의를 개최했고 다수의 공개 논쟁 및 그룹 토론회를 열어 다같이 모일 수 있는 논의의 장을 만들었다.

이처럼 플랫폼 리더로써 인텔의 역할이 성공한 것은, 업계의 대변인 역할을 자청함으로써 업계의 이해관계를 조정하고 자사의 이익이 극대화할 수 있도록 산업의 변화 방향 자체를 컨트롤할 수 있었기에 가능한 일이었다. 오늘날 컴퓨터 업계의 대부분 관계자들이 인텔을 여전히 컴퓨터 산업의 당연한 대변인으로 간주하고 있다는 사실도 이를 잘 반증하는 대목이다.

4. 제휴와 인수 합병을 통해 핵심을 강화하라

플랫폼은 우연에 맡겨 둔다고 저절로 생겨나는 것이 아니다. 하나의 플랫폼을 만든다는 것은 시장의 호응, 기술 표준화 등 수많은 난관을 극복해야 가능한 일이기 때문이다. 플랫폼 리더가 되는 것은 시간이 필요한 일이며, 이 과정에서 자사의 핵심 제품의 수요가 수많은 보완재의 기업에 의해 좌우된다는 사실을 이해하고 이들과의 협력 모델을 구축할 수 있을 때 가능한 것이다.

다른 기업의 협력을 얻기 위해서는 개별 기업들이 플랫폼 리더를 중심으로 협조할 경우 이 플랫폼을 중심으로 발전되어 가는 생태계를 통해 기업이 독자행동을 하는 것 이상의 수익을 올릴 수 있다는 사실을 설득할 수 있어야 한다. 이 같은 조건이 전제될 경우 제휴와 인수 합병은 협력자를 구하는 가장 직접적이고 효과적인 방법이다.

실제로 시스코는 인터넷의 기반이 되는 하드웨어 및 소프트웨

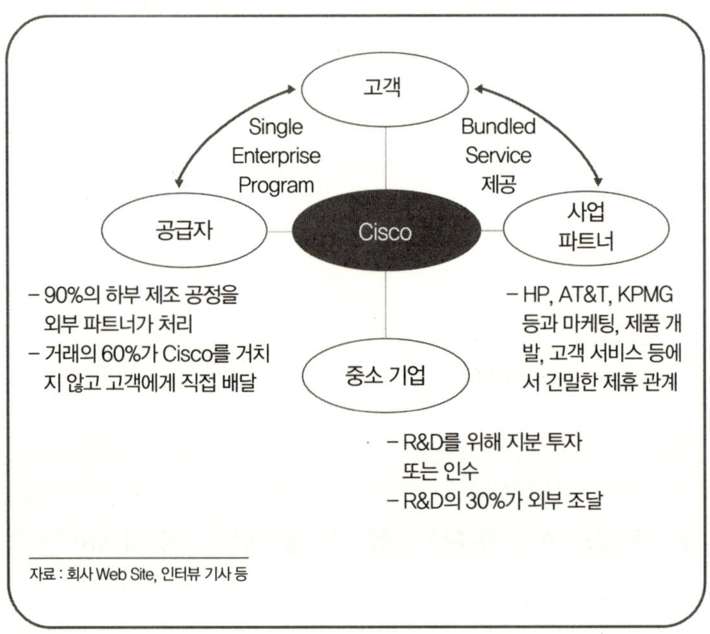

어를 공급하는 업체들에 대한 공격적인 인수를 통해 플랫폼 리더가 된 기업이다. 〈그림 8.3〉과 같이 시스코는 고객을 위해서는 사업 파트너와 번들로 된 서비스를 함께 제공하고, 공급자와의 파트너십을 바탕으로 고객이 시스코를 거치지 않고 직접 배달하는 단일 사업 개발 프로그램을 개발했다. 이를 위한 R&D는 중소기업에 대한 지분 투자나 인수를 통해 해결했다.

　이 과정에서 시스코는 '기술 경영'이 아닌 '고객중심' 기업임을 강조하며, 고객중심 기업을 지향하기 위해 특정 기술에 상관없이 고객이 원하는 어떤 유형의 기술 제품이라도 제공할 용의

가 있음을 보여왔다. 그와 같은 방법이 바로 인수와 합병이었으며 1993년~2000년 사이에 시스코가 인수한 업체는 모두 71개 업체로 200억 달러 이상의 돈을 쏟아부었다.

시스코는 네트워킹 프로토콜 분야의 업계의 표준을 정하고 추진하는 데도 많은 노력을 기울인 것으로 유명하다. 예를 들어, 1995년에는 몇몇 회사가 시스코의 독자적 시스템 소프트웨어를 대체할 수 있는 공통 네트워크 호환 표준(NIA)에 관한 제휴를 맺으려는 움직임에 대해 시스코는 자사의 시스템 소프트웨어 라이센스를 더 많은 제휴 기업에 제공하고, 시스코 사용자들과 파트너 업체들 간의 커뮤니티를 형성하기 위한 대규모 마케팅 활동을 전개한다. 결국 시스코의 이와 같은 공격적인 대응 때문에 공통 네트워크 호환 표준을 만들려는 움직임은 조용히 사라질 수밖에 없었으며, 시스코는 오늘날까지도 이 분야의 플랫폼 리더십을 유지하고 있다.

5. 핵심 사업을 통해 새로운 부가가치 영역으로 진출하라

플랫폼을 잘 활용하는 기업은 흔히 전국적인 철도망을 건설하는 것에 비유할 수 있다. 일단 철도가 깔리면 사람들이 모이고 이 사람들을 바탕으로 마을이 형성되며 나중에는 대단위 도시지역이 탄생하게 된다. 똑같은 이치는 플랫폼 리더십에도 적용이 된다. 즉, 플랫폼이 만들어지면 이를 통해 사용자를 모으고 이 사용자를 기반으로 새로운 서비스를 시작하고 이 서비스가 하나둘 모여 더 큰 부가가치 사업이 가능하게 된다는 것이다.

일본 통신 업계에서 주목 받는 후발 주자로 떠오른 야후 BB(브로드 밴드)는 이와 같은 전략적 포인트를 잘 말해주는 사례다. 손정희의 소프트방크가 대주주인 이 회사는 ADSL 기반의 초고속 인터넷을 시작한 후, 인터넷 프로토콜(VoIP)을 사용한 저렴한 인터넷 폰으로 시장을 공략, 서비스 시작 2년이 채 안 되어 200만이라는 가입자를 확보한 것이다.

〈그림 8.4〉는 이와 같은 야후 BB의 사업 모델을 설명한 것으로 야후 BB의 사업은 플랫폼이 되는 기존의 사업과 부가가치 창출을 위한 신규 사업으로 구성됨을 알 수 있다. 이 경우 야후 BB

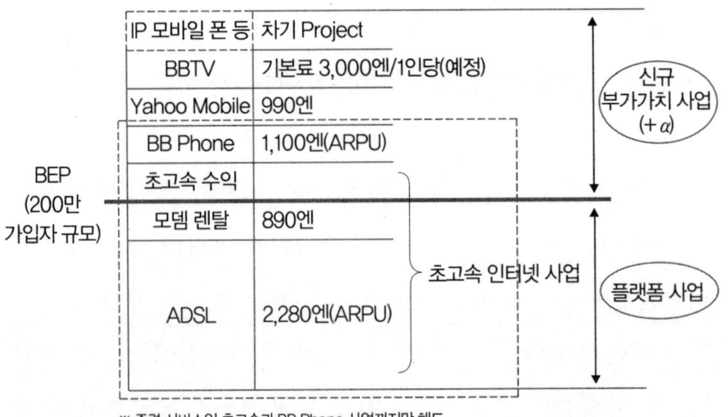

〈그림 8.4〉 Yahoo BB의 사업 모델

(발생 수입 기준)

※ 주력 서비스인 초고속과 BB Phone 사업까지만 해도
4,000엔 수준의 1인당 월평균 매출(ARPU)이 존재함.

는 초고속에서 시작해 모뎀 대여 사업을 거쳐 BB폰이라는 인터 넷 전화 사업을 더하는 것만으로 이미 손익분기점을 돌파한 것을 알 수 있다. 물론 현재 야후 BB 는 추가적인 투자를 계속해 기업 전체적으로는 적자가 나고 있지

만 초고속 사업을 통한 인터넷 전화사업까지만 놓고 보면 이 사업은 흑자가 되는 것이다.

야후 BB의 전략은 기존 서비스를 발판으로 신규 서비스를 계속해서 하나씩 더하는 것으로 초고속 가입자라는 플랫폼을 활용하여 컨텐츠, 웹 TV 등과 같은 신규 서비스를 하나씩 더해 새로운 부가가치를 창출해 나갈 야심찬 계획을 세우고 있다.

특히, 이와 같은 연계사업형의 기회 창출은 고객 쪽으로 발상을 전환해야 제품만으로는 담아낼 수 없는 많은 서비스 기회가 보이기 마련이다. 이는 성장의 한계에 부딪친 국내 제조업체들에게도 시사하는 바가 큰 대목이다. 즉, 성장이 둔화된 기존 제조업체들의 경우도 제조업의 기반을 살려 제품공급자로서의 이점을 살리면 고객들에게 새로운 부가 서비스를 제공할 수 있기 때문이다.

자동차 산업의 예를 들면 단순한 자동차 판매를 넘어서 자동차 할부금융과 연계하는 서비스를 제공하는 것을 생각해 볼 수 있다. 최근 국내에 진출한 GE 캐피탈이나 GM 등이 자동차 업체와

손잡고 자동차 할부금융을 제공하는 것과 이와 같은 맥락의 움직임인 것이다. 실제로 연계 서비스형은 서비스를 제품에 내재시키는 것을 넘어, 기존의 제품군과의 상승효과를 도모할 수 있는 새로운 서비스 분야를 개척하는 의미를 담을 수도 있다.

잭 웰치 하에서 화려하게 성장한 GE의 사례를 살펴보자. 오늘날 GE를 만든 근본적인 힘은 우수한 제조업에도 기인한 바가 크지만 그것 못지않게 중요한 것은 GE 캐피탈의 종합 서비스 모형이라는 것이 중론이다. 여기서 GE 로코모티브 사가 기관차의 판매 및 유지 설비를 제공한다면 GE 캐피탈은 GE 로코모티브 사에 기관차와 관련된 다양한 금융지원이나 소유권 운영과 같은 금융 서비스를 제공해 수익을 올리는 것이다. 과거 15년 동안 GE 캐피탈은 GE 제조업의 보조적 역할에서 벗어나 회사 이익의 40% 이상을 창출하는 핵심 사업으로 변모했다.

핵심 사업을 통해 성장하는 전략은 차세대 성장 엔진에 목말라 있는 기업에게도 많은 시사점을 던져준다. 많은 경우 CEO들은 차세대 성장 엔진을 만들기 위해서 새롭게 부상하는 신규 산업에 너무 연연해하는 경향이 있다는 말이다. 남의 떡이 흔히들 더 커보이기 때문이다. 그러나 현실은 오히려 기존 사업 영역의 성장 잠재력을 극대화하고 이를 발판으로 영역을 확대하려고 노력하는 편이 조금이라도 리스크를 줄이는 판단이다. 전혀 새로운 영역을 욕심내기 보다는 기존 사업과 연관된 제품이나 서비스로 승부하려는 생각이 위험 부담을 줄이고 성공 확률을 높일 수도 있다는 점을 분명히 인식해야 한다.

자사의 역량이 바탕된
포지셔닝이 있어야……

이상으로 컨버전스 시대의 복잡한 경쟁 환경에서 살아 남기 위한 기업의 대응 전략을 플랫폼이라는 개념을 통해 살펴보았다.

여기서 한 가지 유의할 점은 플랫폼만이 유일한 해답은 아니라는 것이다. 오히려 어떤 경우에는 독자적인 기술 중심의 플랫폼적인 사고로 인해 다른 기술이나 트렌드가 부상하는 것을 간과해서 기업으로 하여금 진화에 필요한 대응 시기를 놓치게 만들 수도 있다.

또한 모든 기업들이 플랫폼의 핵심에 위치하는 주도적인 역할을 할 수 없다. 플랫폼 리더십을 구축하기 위한 강력한 브랜드나 특허·핵심 정보 소유 등과 같은 핵심역량은 쉽게 얻어지는 것이 아니며, 이를 기반으로 타 기업들의 활동을 조정·통합하는 역할은 더욱더 어려운 일이기 때문이다.

어떤 경우에는 오히려 기업들이 기존의 플랫폼이나 시장 주도

세력을 적절히 활용하려고 노력하는 것이 오히려 스스로 플랫폼 리더가 되기 위해 드는 역량의 낭비와 리스크를 줄이는 방법일 수도 있다.

　따라서 기업으로서는 플랫폼이라는 기반을 가장 잘 활용할 수 있는 자사의 포지션이 무엇인지를 심각하게 고려해 가장 적절한 위치에 포지셔닝하도록 노력해야 한다. 그 바탕은 자사의 역량이 되는 것은 자명한 이치다. 이를 통해 자사가 플랫폼의 리더가 될 것인지 플랫폼의 보완업체가 될 것인지를 분명하게 결정할 수 있어야 한다. 전체 네트워크의 모든 사업자가 상생의 길로 나아가기 위한 지혜가 필요하다.

디지털 컨버전스의 미래

디지털 컨버전스는 과연 거스를 수 없는 대세일까?

아니면 시장의 일시적인 유행일까?

Full Convergence, Category Convergence, Divergence

등과 같은 미래의 모습을 그릴 수 있지만 더 중요한 점은

이와 같은 디지털의 미래는 결국 소비자의 효용가치를 높이려는

휴머니즘에서 출발한다는 점이다.

컨버전스 시대의 예측 시나리오

이상으로 산업간 영역이 허물어지고 컨버전스를 통해서 다양한 제품이나 서비스가 융합화·복합화되어 새로운 형태의 제품이나 서비스가 탄생하는 과정과 이에 따른 기업의 대응행동을 살펴보았다.

단순한 단품(單品) 위주의 사업으로는 산업계 평균 이상의 수익을 얻는 것이 갈수록 힘들어지고 있는 상황에서, 앞으로도 복합 제품이 매력적인 사업 기회로 비춰지는 것은 어쩌면 당연한 일일지도 모른다. 이미 'DVD 콤비'와 같이 VCR에서 DVD로 넘어가는 과도기형 제품이나, PDA와 MP3의 결합처럼 동일한 저장 매체의 사용이 가능한 제품, 프린터·스캐너·팩스·복사기 기능을 묶은 복합기, 디지털 카메라 기능을 가진 캠코더와 같이 기술적 기반을 공유하는 제품에서 컨버전스의 효과는 그 위력을 한층 더할 전망이다.

그렇다면 이제 우리에게 남은 관심사는 컨버전스의 미래는 과

연 어떠할 것인가라는 점이다. 이같은 제품의 융합화 · 복합화 현상은 거스를 수 없는 대세일까, 아니면 일시적인 유행일까? 현재를 감안한 가장 가능성 있는 시나리오는 다음과 같다.

● Full Convergence :
세상의 모든 것은 컨버전스로 통한다

컨버전스를 비단 디지털 기기나 가전 제품 등에서 일어나는 현상에 국한시키는 것은 매우 좁은 소견이다. 최근의 제품들을 살펴보면 주방기기, 화장품, 심지어는 패션업계에서도 컨버전스화된 제품들을 만날 수 있다. 실제로 명품 에스카다는 지멘스 모바일과 공통의 제품 디자인 아이덴티티를 사용해 명품 주얼리 전자 제품의 장을 선도할 계획이라고 한다.

컨버전스가 주목 받는 것은 이처럼 미래의 무한한 확장가능성 때문이다. 아직 완벽한 의미의 컨버전스 제품은 존재하지 않지만 그 형태는 인간이 추구하는 모든 것을 담아내는, 인간에 대한 이해를 바탕으로 한 형태의 것이 될 가능성이 높다. 애완 동물과 같은 사랑을 담은 강아지 로봇인 소니의 '아이보(Ibo)' 가 큰 관심을 받는 것도 바로 이와 같은 이유에서다.

미래의 컨버전스는 인간이 추구하는 다양한 욕구를 충족시키기 위해 기능적 융합과 해체가 자유롭게 이루어지며 지속적으로 진화해 나갈 것이다.

●Category Convergence :
영역별로 컨버전스가 세분화된다

  모든 것을 포괄하는 완전한 컨버전스는 애초에 불가능한 일이다. 그렇다고 다양한 기술과 영역이 혼합되는 미래의 경쟁사회를 컨버전스 없이 논한다는 것도 상식적으로 어긋난 주장이다. 가장 설득력 있는 대안은 일정 카테고리별로 부분적인 컨버전스가 일어날 수 있다는 것이다. 이는 향후 컨버전스가 이루어질 핵심 기기가 진화에 있어 중추적인 역할을 할 수 있다.

  예를 들어, 노트북이나 PDA, 휴대폰 등 휴대성이 가미된 전자기기들은 만능지갑이나 스마트 폰과 같은 진화된 단말기 형태로 수렴이 가능할 것이며 TV, 인터넷, 위성방송 등의 홈 네트워킹 역시 가정용 TV의 발전된 모습으로 통합될 가능성이 높다는 것이다. 이는 개별 영역에서의 컨버전스가 더욱 심화될 뿐 그 이상의 영역 확장은 효과성 측면에서 불합리한 선택이라는 것이다.

●Divergence :
이제는 다이버전스를 논하자

  "미래 디지털 산업의 성패는 단순성에 의해 결정된다."
  디지털 전도사로 불리는 미국 네그로폰테 교수의 말이다. 이미 휴대폰과 PC는 너무 많은 기능으로 폭발 직전이며 보통사람들은 편리함보다는 필요하지 않는 기능까지 알아야 하는 불편함의 측면이 더 크며 이는 결국 기능별로 분화(다이버전스)되는 계기로 작용할 것이라는 뜻이다. 컨버전스가 아니라 단순하고 상식적인 디지털이 디지털 산업이 나가야 할 방향이라는 것이다.

실제로 다이버전스의 등장을 예견하는 이유는 아무리 디지털 컨버전스가 진행되더라도 개별 시장을 하나로 통합할 완전 융합 제품이 시장을 석권할 확률은 희박하다는 전망에 기인한다. 이미 기술 수명 주기는 갈수록 짧아지고 있는데 복합기능만으로 이를 대응하는 것은 개별 특화 기기의 발빠른 대응보다 유연성이 떨어지는 측면이 있다.

또한 소비자의 니즈가 세분되어 융합 제품보다 전문적이고 심화된 상품을 원하는 소비자 계층이 존재하기도 한다. 미국의 SRI와 같은 유수의 연구기관에서 향후 3~5년 정도의 기간에는 TV, AV 등이 하나로 통합될 확률보다 오히려 더 많은 개별 제품들이 시장에 쏟아져 나오는 확률에 더 큰 무게를 두는 것도 이같은 이유에서다.

우리가 미래를 직접 먼저 가서 보지 않는 이상 풀 컨버전스, 카테고리 컨버전스, 다이버전스 등과 같은 세 가지 대안 모두 설득력이 있는 주장임에는 틀림없다. 어쩌면 미래의 모습은 이러한 세 가지 대안들이 공존하는 모양을 취할지도 모른다. 관련 기술의 발달, 시장의 상황, 경제 상황 등 무수히 많은 요소들이 이와 같은 미래 시나리오에 영향을 미칠 것이며 그에 따라 우리가 그리는 그림의 모습도 큰 변화를 겪을 것이다.

그러나 미래는 준비하는 사람에게만 기회가 오기 마련이다. 이처럼 불확실한 미래임에도 불구하고 이를 상상하고 준비하는 것은 이를 통해 미래에 생길지도 모르는 시행착오를 조금이라도 줄여보자는 의미다. 실제로 사람들은 '미래의 기억' 이라는 특성을 가지고 있어서 미래를 가보지 않았어도 미리 상상으로 준비하고 계획한 사람들에게 실제 그 상황이 닥쳐왔을 때 경험하지 않은 과거의 상상을 기억으로 재생해 그 리스크를 획기적으로 줄일 수 있다고 한다.

불확실한 미래를 준비하면서 그래도 한 가지는 확실한 것이 있다. 그것은 바로 미래의 모습이 어떻게 전개되던 간에 결국 그 해답은 소비자에게서 찾아야 할 것이라는 점이다. 진정한 컨버전스란 단순한 기술적 측면에서의 완성도 뿐만이 아니라 소비자에게 주는 효용가치를 높일 수 있을 때에만 의미가 있기 때문이다.

많은 요소가 있겠지만 소비자가 느끼는 효용가치는 크게 경제성과 편이성 그리고 감성이라는 세 가지 분류로 설명이 가능하다. 개별 단위의 기존 제품을 사는 것보다 융합 제품을 사는 것이 경제적으로 유리하고, 단순 융합이 아닌 부가적인 시너지를 창출할 수 있으며 더 나아가 인간이기에 느낄 수밖에 없는 소비자의 감성적인 성향을 충분히 충족시켜 줄 수 있을 때에 소비자의 구매 의도가 증대되는 것이다.

일례로, 거실에 누워 잠들면서 편하게 켜고 끌 수 있는 TV를 원하는 소비자의 니즈를 무시한 채 PC-TV 등과 같은 융합 제품을 내놓았다가 실패한 사례는 이와 같은 효용가치의 중요성을 반증하는 대목이다. PC-TV는 PC를 켜고 끄는 것과 같은 부가적인 행동을 통해서만 TV를 볼 수 있는 불편함을 야기시켜 소비자에게 철저히 외면당했던 것이다.

디지털 자체가 휴머니즘이라고 할 정도로 지금까지 모든 산업의 발전은 기술이 아닌 사람에 의해 발전되어 왔다. PC-TV처럼 컨버전스 자체만으로는 결코 미래의 성공을 보장할 수 없다. 진정한 디지털의 효용은 휴머니즘에서 출발한 개념이라는 것을 간과해서는 안 되는 것이다.

지금은 궁극적인 디지털 환경으로 가는 과도기다. 지나간 디지털의 역사를 돌이켜 보면 지난 수년간 예측되었던 고객의 변화, 기술 및 제품의 융합 현상 등은 항상 우리의 느낌이나 생각보다 빨리 찾아왔던 것이 사실이다. 이 과정에서도 변화의 움직임을 잘 읽고 사전에 준비한 기업들은 엄청난 기회를 맞아 급성장했으며, 그 반대의 기업은 시장에서 퇴출되는 운명을 겪어야만 했다.

이제는 향후 본격적인 디지털 시대의 개막을 앞두고 무엇을 준비해야 할 것인지 행동으로 실천해야 할 때이다. 미지의 세계를 향해 첫걸음을 내딛을 수 있는 용기가 그 어느 때보다 더 크게 요구되는 시점이다.

네트워크 효과 (Network Effect)

경제학에서 유래된 개념으로 특정 상품에 대한 어떤 사람의 수요가 다른 사람들의 수요에 의해 영향을 받을 때 네트워크 효과가 존재한다고 말한다. 가장 쉬운 예로는 전화를 들 수 있다.

전화 한 대로는 전혀 써먹을 곳이 없는, 다시 말해 효용가치가 '0' 이지만 모든 가정에 전화가 보편화된 지금은 오히려 전화가 없이는 생활이 불가능할 정도로 그 효용가치가 상승하게 되는 것이다.

다기능 팀(Cross Functional Team)

'협업팀' 이라고도 하며, 한 부서에서 전담하는 것이 아니라 관련된 모든 부서가 일종의 TFT처럼 움직이면서 협업하는 팀을 말한다.

협업팀은 유관부서의 유기적인 협력이 가능하며 신속한 의사 결정으로 일의 효율을 높이는 것은 물론이고 각 단계의 담당자들이 한데 모여 일하기 때문에 '나무가 아닌 숲' 을 보며 일할 수 있다는 장점이 있다.

대량 맞춤 생산 (Mass Customization)

대량 생산(Mass Production)과 고객화(Customization)의 합성어로 개별적으로 고객화된 제품, 서비스를 대량 생산하는 것을 말한다.

일반적으로는 고객별로 맞춤 생산된 제품이나 서비스는 대량 생산이 불가능한 것으로 보였으나 오늘날 디지털 기술과 모듈화 등의 영향으로 대량 맞춤 생산이 가능하게 되었다.

디 펙토 스탠다드 (De factor standard)

'사실상의 표준화'를 지칭하는 말이다. 특정 기업이나 개인의 결정이 아니라 시장점유율에 의해 표준으로 정해진 제품을 말한다. 디 펙토 스탠다드의 가장 중요한 요소는 시장 선점이고 기술력의 차이는 큰 의미를 갖지 못하는 특징이 있다.

바이오인포메틱스(Bioinformatics)

생물학(Biology)과 정보과학(Informatics)을 합성한 말이다. 컴퓨터를 이용해 각종 생명 정보를 처리하는 학문으로 「생명정보학」이라고도 한다. 1990년대 초반에 생겨난 용어로 어원은 생물학과 정보학의 결합이라는 의미를 지닌다.

번들링(Bundling)

묶어서 판매하는 결합상품을 뜻하는 말로, 특히 정보통신 서비스 분야에서 자주 쓰인다. 케이블 TV와 초고속 인터넷, 무선 랜 등을 함께 묶어 서비스하는 것처럼 둘 이상의 서비스를 묶어(bundling) 싸게 판매함으로써 고객을 늘리는 통신 서비스를 통틀어 일컫는다.

여러 서비스를 동시에 받을 수 있고, 싸기 때문에 단일 서비스와는 비교할 수 없는 장점을 가진다.

브릿지(Bridge) 기술/상품

일명 '징검다리 기술/상품'이라고 하며 대체 기술/상품이나 발전된 기술/상품이 나오기 중간 단계의 기술/상품을 말한다.

많은 경우 이와 같은 브릿지 기술/상품은 제한된 수명으로 인해 시장성이 불투명한 경우가 대부분이다.

심비안(Symbian)

노키아와 에릭슨 등이 컨소시엄을 구성하여 공동 개발한 휴대폰용 운영 체제(OS). 가정과 거리에서 무선으로 연결할 수 있는 장치로 국제적 표준으로 개발되었다.

휴대폰 운영 체제 시장에 진입한 마이크로소프트와 경쟁하기 위해 세계 휴대폰 제조업체들 간 연합전선의 측면이 강하다.

양면성 조직(Ambi-dextrous Organization)

미국의 경영학자인 Tushman과 O'Reilly 교수가 제안한 개념이다. 기업 내에서 성숙기의 사업과 초창기 사업을 동시에 영위하는 것처럼 일반적으로 기업은 상이한 전략이나 문화를 요구하는 다양한 사업을 보유하고 있다.

양면성 조직은 이처럼 급진적·점진적 혁신이 동시에 필요한 다양한 사업의 요구를 수행할 수 있는 조직을 말한다.

와해성 기술(Disruptive Technology)

'혁신 기술'이라도 한다. 기존 기술의 모든 체계를 완전히 허물어뜨리는 혁명적인 기술을 일컫는 표현이다.

이에 반해 sustaining technology는 기존에 있었던 기술 및 이에 근거한 기반을 강화하는 기술을 일컫는다.

원폰(One Phone)

한 개의 폰으로 유·무선 통합 서비스의 이용이 가능한 단말기를 말한다. 즉, 실외에서는 이동 통신 전화로 사용하다 실내에서는 유선전화로 전환되는 단말기다.

우리 나라에서는 KT가 블루투스를 활용해 'DU' 라는 이름으로 서비스 중이다.

유비쿼터스(Ubiquitous)

라틴어로 '언제 어디서나' 의 의미다. 사용자가 컴퓨터나 네트워크를 의식하지 않는 상태에서 장소에 구애받지 않고 자유롭게 네트워크에 접속할 수 있는 디지털 환경의 조성을 뜻한다.

정보 통신 기술과 디지털 기기 등의 발전에 크게 영향을 받았다.

전략적 근시안(Strategic Myopia)

기업이 전략 수립시 자사의 사업 범위를 지극히 제한적으로 바라보아 결과적으로 좀더 큰 사업으로의 영역 확장을 제한하는 것을 말한다. 경쟁의 전체 역학 관계를 살피지 못하고 어둡고 좁은 터널을 통과하듯이 좁은 한 면만 바라본다는 뜻이다.

전력선 통신(Power Line Communication)

별도의 통신선로를 사용하지 않고 집안으로 50~60Hz 주파수의 교류 전기를 공급하는 전력선에 수백 kHz에서 수십 MHz의 고주파 통신신호를 함께 보내 전용 접속장비로 고주파 통신신호만을 수신해 통신하는 기술을 말한다.

전력선 통신은 전주에 설치된 PLC 라우터와 컴퓨터의 PLC 모뎀이 장착되면 전기 콘센트에 플러그를 꽂아 곧바로 인터넷에 접속할 수 있어 홈 네트워크를 구축하는 데 블루투스 등과 같은 무선 기술보다 경제적이고 편리하다는 평가를 받고 있다.

차세대 네트워크 (Next Generation Network)

차세대 통신망으로 각광받고 있는 NGN은 일반 전화망, 비동식전송방식, 전용망, 무선 통신망 등 모든 통신 네트워크를 패킷 기반의 공통망으로 융합해 망 구축 비용 및 운용 비용의 절감은 물론 유연하고 개방적인 네트워크 솔루션을 제공하기 위한 음성·데이터 통합망이다.

가장 큰 특징은 음성과 데이터, 영상 등을 동시에 수용해서, 인터넷 전화, 멀티미디어 등과 같은 다양한 부가 서비스를 효율적으로 제공하는 데 있다.

크로스패리(Cross-Parry)

펜싱 경기에서 유래된 말로, 상대방이 자신을 찌르려 하는 경우 자신도 상대방을 찌르려 함으로써 상대방의 공격을 차단하는 방법을 말한다. 흔히들 말하는 '공격이 최상의 방어'라는 말과 유사한 의미로 사용된다.

영역 파괴 시대에 새로운 경쟁자의 침입으로 자사의 핵심 사업이 크게 위협을 받을 경우, 과거의 사업에 집착하는 대신 오히려 경쟁자의 영역으로 역진출의 시도를 고려하는 것을 말한다.

클릭앤모타르(Click & Mortar)

인터넷의 상징인 클릭과 굴뚝기업을 상징하는 '브릭 앤 모타르(Brick and Mortar)'를 합성한 용어다.

오프라인에 기반을 두고 있는 기업이 오프라인과 온라인의 모순을 극복하고 장점을 취합해 시너지 효과를 올리고 수익을 극대화하기 위한 비즈니스 모델이다. 1990년대 말 미국의 증권회사와 여행사, 컴퓨터 업체들이 활발하게 판매에 도입하였다.

킬러앱(Killer Application)

한 산업 또는 여러 산업계 전체의 규칙을 새로 쓰는 제품이나 서비스를 말한다. 최초로 시장에 나와 완전히 새로운 카테고리를 형성함으로써 시장을 지배하여 처음에 투자한 비용을 수십 배로 회수하는 새로운 제품이나 서비스를 일컫는 말이다.

텔레메틱스 (Telematics)

자동차와 무선통신을 결합한 새로운 개념의 차량 무선 인터넷 서비스를 말한다. 통신을 뜻하는 텔레커뮤니케이션(Telecommunication)과

정보과학을 뜻하는 인포메틱스(Informatics)의 합성어다.

자동차 안에서 자유스럽게 이메일을 주고받고, 인터넷으로 각종 정보도 검색할 수 있는 오토(auto) PC를 이용하므로 '오토모티브 텔레메틱스'라고도 한다.

퓨전 (Fusion)

융합, 통합의 사전적 의미로 1960년대 흑인 트럼펫 연주자인 마일즈 데이비스가 재즈와 록을 결합해서 퓨전 재즈라 부르면서 일반인들에게 널리 알려지게 되었다. 최근에는 음식, 문화 등을 포괄하는 개념으로 확장되고 있으며 디지털 기기의 융합현상에 특히 자주 인용되고 있다.

플랫폼 (Platform)

다른 기술 혹은 서비스가 그 위에서 구현될 수 있는 일종의 기반 기술/서비스를 일컫는 말이다. 대표적인 예로는 자동차가 동일 플랫폼으로 다양한 차종을 생산하는 것이나 컴퓨터에서 윈도우라는 운영체계로 다양한 프로그램이 구현되는 것을 말한다.

휴대 인터넷 (WiBro)

시속 60Km의 속도로 이동하는 중에도 인터넷에 접속하여 대용량의 데이터를 주고 받을 수 있는 휴대 인터넷으로 기존 유 · 무선 초고속 인터넷은 물론 이동전화와 결합하면서 새로운 서비스의 장을 열 것으로 기대되는 통신 서비스다.

ARPU (Average Revenue Per User)

통신 서비스에서 주로 사용하는 말로, 1인당 평균 매출액을 뜻한다.

EMCS(Engineering Manufacturing Customer Service)

주로 전자 제품의 생산을 위탁 받아 전문적으로 제조 및 서비스를 생산 전담하는 것을 말한다.

소니의 경우 EMCS를 통해 생산 부분은 외주를 통해 해결하고 본사는 디지털 기기의 핵심 분야만 집중해 전통적인 하드웨어의 생산 활동에 대한 부가가치가 떨어지는 현상을 타개한다는 계획을 천명한 바 있다.

TPS(Triple Play Service)

초고속 인터넷, 전화, 방송 등과 같은 세 가지 서비스를 한꺼번에 이용할 수 있도록 해주는 통신 · 방송 융합 서비스다.

이 서비스에 가입하면 일정액만 내면 TV로 케이블, 위성방송을 시청하면서 동시에 데스크탑이나 노트북 PC로 초고속 인터넷을 이용할 수 있다. 또 일반 전화기로 인터넷 음성전화도 가능하다.

VoIP(Voice over Internet Protocol)

인터넷 텔레포니 기술로 컴퓨터 네트워크상에서 음성 데이터를 인터넷 프로토콜 데이터 패킷으로 변환하여 일반 전화망에서의 전화 통화와 같이 음성 통화를 가능케 해주는 일련의 통신 서비스 기술이다. 인터넷 폰이라는 개념으로 더 잘 알려져 있다.

A guided tour for the N-Gage, BusinessWeek, 2003.

Ambidextrous organization, Tushman & O' Reilly Ⅲ, CMR, 1996.

Built to last: Habits of Visionary companies, Collins & Porras, Harper Business, 1997.

Strategy and the Internet, Porter, HBR, 2001, March.

The Survivor Personality: Why Some People Are Stronger, Smarter, and More Skillful at Handling Life' s Difficulties…and How You Can Be, Too. Siebert, Al/ Siebert, Al, Phd, Perigee Books, 2002.

The flight for digital dominance, Economist, 2002.

Top을 위한 경영전략 2.2, 김언수, 박영사, 2002.

What is Strategy?, Porter, HBR, 1996, November-December.

디지털 컨버전스 시대 생존 전략 5, 남대일, LG 주간경제, 2003.

디지털 컨버전스 시대의 3가지 패러독스, 나준호, LG 주간경제, 2002.

디지털 컨버전스 제품의 성공과 실패 사례, 한수연, LG 주간경제, 2003.

디지털 컨버전스에 따른 뉴트렌드, 이지평, LG경제연구원, 2002.

디지털 컨버전스와 아이디어 제품, 배수한, LG 주간경제, 2003.

모바일 컨버전스 시대의 경쟁우위 확보 전략, 남대일, LG 주간경제, 2003.

영역 파괴 시대의 경영전략, 남대일, LG 주간경제, 2002.

전략적 혁신으로 승부하라, 남대일, LG 주간경제, 2004.

차세대 성장 엔진 만들기, 남대일, LG 주간경제, 2003.

카메라폰과 디지털 카메라, 동반인가 경쟁인가, 조준일, LG 주간경제, 2004.

컨버전스 시대의 플랫폼 전략, 남대일, LG 주간경제, 2003.

퓨전 경영 성공 포인트 7, 남대일, LG 주간경제, 2002.

휴대 인터넷 서비스 이용자 성향에 관한 연구, 정보통신정책연구원(KISDI), 2004.

휴대폰의 미래, 조준일, LG 주간경제, 2003.